100 LIEUX DU PATRIMOINE FRANÇAIS *à avoir vus* AU MOINS UNE FOIS DANS SA VIE

Auteur : Mélanie Mettra
Illustratrice : Félicia Révay

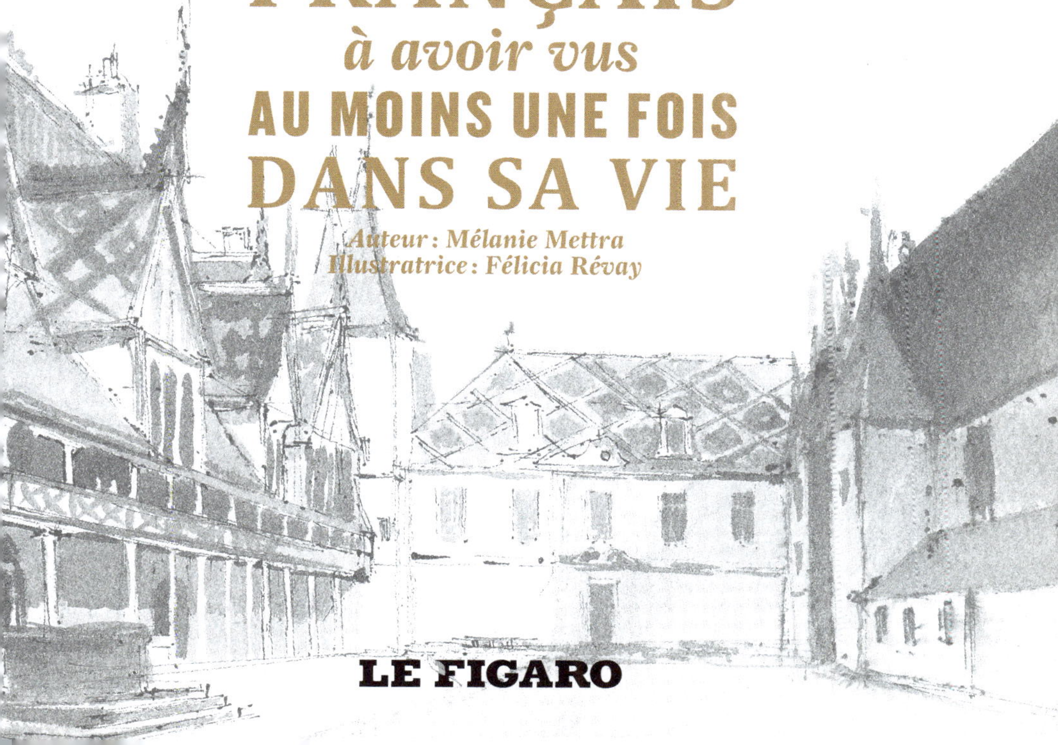

LE FIGARO

Le Figaro - 14, boulevard Haussmann, 75009 Paris.
Directeur général, Directeur de la publication : Marc Feuillée.
Directeur des rédactions : Alexis Brézet. **Directeur délégué des rédactions** : Paul-Henri du Limbert.
Éditrice : Sofia Bengana. **Éditeur adjoint** : Robert Mergui. **Administratrice des rédactions** : Nathalie Hervo.
Directrice adjointe à l'édition : Anne Huet-Wuillème. **Édition** : Marie Guiard-Schmid.
Direction artistique : Louise Lebert. **Auteur** : Mélanie Mettra. **Illustratrice** : Félicia Révay.
Responsable fabrication : Serge Scotte. **Responsable pré-presse** : Alain Penet.
Direction de la diffusion : Philippe Grinberg. **Directeur des ventes** : Laurent Nocca.
Responsable de la communication : Aurélie Broux.
Cet ouvrage a été réalisé en collaboration avec les Éditions Garnier.
ISBN : 978-2-8105-0752-8. Achevé d'impression en août 2016
sur les presses de l'imprimerie POLLINA, France. L77256.

PRÉFACE

Par Bertrand de Saint Vincent

Chaque année, lors de son ouverture au public, les Français ne s'y trompent pas : notre patrimoine est un joyau. Construit depuis des siècles, parfois des millénaires, inscrit dans des paysages dont tant de poètes ont chanté la splendeur, il illustre l'histoire de France. Les combats, les rêves, les espoirs, les certitudes de quelques puissants ou de tout un peuple sont inscrits dans la pierre, le fer, le marbre ou le bois. D'un château l'autre, d'une villa folle inspirée de la Grèce antique à une abbaye romane, d'un pont romain à une pyramide née au XXe siècle, d'un palais épiscopal à une gare ferroviaire, ce sont autant de défis à l'époque ou à la nature, d'affirmation de soi-même ou de foi en Dieu ou en l'avenir qui s'offrent aux regards. Orgueilleux ou modestes, ces monuments ont traversé les années, les guerres, les modes. Nous sommes allés à leur découverte. Nous en avons choisi cent. Les plus précieux à nos yeux. Pour en souligner la beauté, en exalter les traits, nous avons demandé à une illustratrice, architecte de formation, d'en croquer quelques-uns. Son œil exercé donne à la visite une dimension supplémentaire. Suivez-là, elle vaut le détour.

LE PONT DE HONFLEUR LE PALAIS BÉNÉDICTINE DE FÉCAMP OMAHA BEACH LE MONT-SAINT-MICHEL GIVERNY L'ABBAYE DE JUMIÈGES LE PALAIS DE JUSTICE DE ROUEN LA VILLA CRAVOIS LA PISCINE DE ROUBAIX LE BEFFROI D'ARRAS LA VIEILLE BOURSE DE LILLE LA TOUR D'AMIENS LE CHÂTEAU DE CHANTILLY LE CHÂTEAU DE PIERREFONDS

NORD

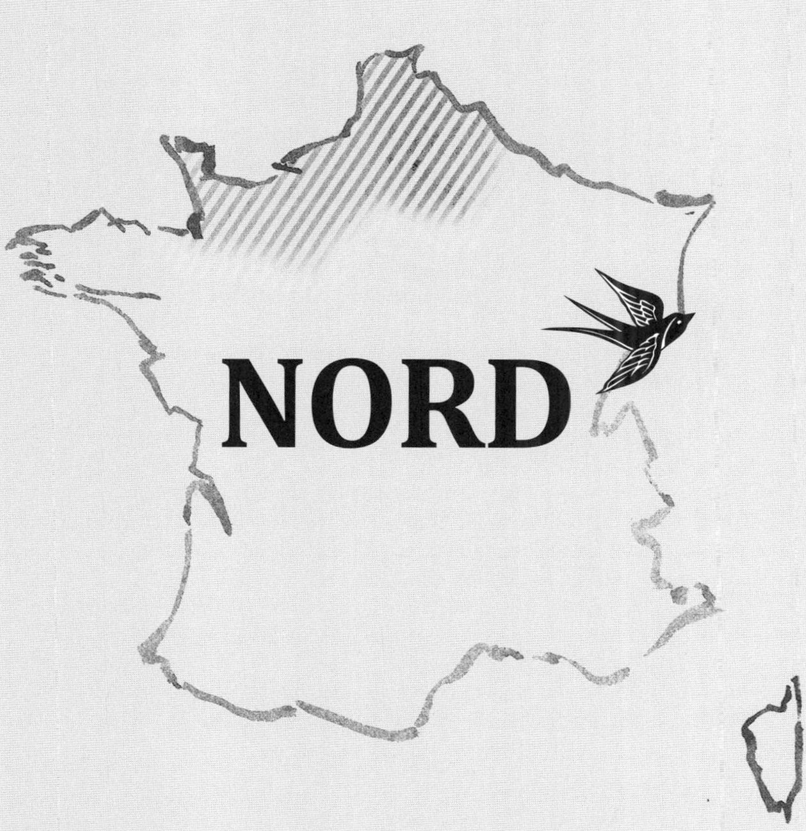

LE PONT DE HONFLEUR,
FLEURON ARCHITECTURAL DES PONTS À HAUBANS

Calvados

Le premier pont à enjamber l'estuaire de la Seine est celui de Tancarville, construit entre 1951 et 1955. Sa particularité est de n'avoir aucun pilier dans le lit du fleuve afin de ne pas gêner la navigation. Le tablier du pont est suspendu à deux câbles qui parcourent toute sa longueur, comme le Golden Gate de San Francisco. Mais dès les années 1970, la nécessité d'un nouveau pont s'impose. Tout comme à Tancarville, il n'est pas question de créer des îles artificielles pour supporter ses piles. Le pont de Honfleur, ou « pont de Normandie », n'est pas un pont suspendu, mais une prouesse architecturale. À son inauguration, en 1995, il est le plus long pont à haubans du monde ! Ses 184 haubans, tresses de câbles métalliques appelées « torons », ne sont pas reliés à des câbles traversants mais à deux immenses pylônes de 204 mètres de hauteur, pesant chacun 20 000 tonnes. Ils portent au-dessus de la Seine un tablier métallique de 856 mètres, conçu pour supporter des vents de plus de 300 km/h. Il est encore aujourd'hui en tête des plus longs ponts à haubans mondiaux.

L'EXTRAVAGANT
PALAIS BÉNÉDICTINE DE FÉCAMP

Seine-Maritime

Le palais Bénédictine doit son nom à une liqueur distillée par Alexandre Le Grand, négociant en spiritueux du XIXe siècle. Habile commercial, il en attribue la recette à un moine bénédictin alchimiste du XVIe siècle, Bernardo Vincelli. La composition du mystérieux mélange aurait disparu dans la tourmente révolutionnaire et aurait été retrouvée par Alexandre dans les archives familiales. L'entrepreneur manie avec succès l'art de la communication. Il confie la réalisation des affiches de « réclame » à de grands artistes comme Mucha. En 1888, il demande à Camille Albert, admirateur de Viollet-le-Duc, de construire un palais-usine unique en son genre, au style gothique et renaissance exubérant dans lequel se côtoient alambics et œuvres d'art. Il ouvre son « château » aux visiteurs, inventant le tourisme gastronomique. La Bénédictine est vite célèbre. Le roi Pomare V, qui fit don de Tahiti à la France, en aurait été friand, et l'on en retrouve la bouteille chez de nombreux écrivains et peintres, comme le Douanier Rousseau et sa *Bougie rose*.

OMAHA BEACH,
LA PLAGE LA PLUS MEURTRIÈRE DU DÉBARQUEMENT

Calvados

À l'aube du 6 juin 1944, les soldats alliés débarquent sur les plages de Normandie, défendues par le mur de l'Atlantique, mis en place par les Allemands. Sur la plage d'Omaha, la plus meurtrière des plages du débarquement, la mer déchaînée noie des centaines de soldats américains, prisonniers des chars. Les mines sont un piège meurtrier qui décime 90 % des premiers débarqués. La marée montante rend la grève, encombrée de cadavres et de carcasses d'engins, de plus en plus étroite, offerte au feu des batteries allemandes dissimulées dans les bunkers. Ce nom, qui désignait au XIXe siècle, en anglais puis en allemand, les soutes à charbon des navires, est depuis la Première Guerre celui des abris blindés. En quelques heures, près de 5 000 soldats perdent la vie sur la *Bloody Beach* (« la plage sanglante »), dont près d'un millier tués par la mitrailleuse de la « bête d'Omaha », le soldat allemand Heinrich Severloh.
Le rouge du sang des soldats a fait place, en 1947, au vert des pelouses et au blanc des 9 387 stèles du cimetière de Colleville-sur-Mer, surplombant la plage d'Omaha.

LE MONT-SAINT-MICHEL,
L'ARCHANGE DE LA MANCHE

Manche

En 709, Aubert, évêque d'Avranches, aurait reçu de l'archange Michel l'ordre de fonder une église sur le Mont-Tombe. La minuscule église devient abbaye bénédictine pour accueillir le flot des pèlerins. Le style gothique s'impose à partir de 1204, date de son rattachement à la France. Philippe Auguste finance la Merveille (lieu de vie des moines). Ce n'est qu'en 1897 que la statue de saint Michel, réalisée par le sculpteur Emmanuel Frémiet, surmonte l'abbaye. Siège de l'ordre de Saint-Michel, fondé par Louis XI, il se fortifie et résiste aux assauts anglais de la guerre de Cent Ans. Mais à partir du XVIe siècle, il perd de sa superbe. Sous la Révolution et l'Empire, il devient prison. Sa restauration débute en 1872, sous l'égide d'Édouard Corroyer, architecte des Monuments historiques. Il y vient avec sa famille et sa bonne, Annette Boutiaut. Celle-ci épouse le boulanger, Victor Poulard, et tous deux se fixent au Mont, comme aubergistes. L'île inspire une nouvelle à Maupassant ; Flaubert, Hugo, Montherlant la magnifient. Seul Stendhal reste de marbre, trouvant « mesquin » ce bout de rocher.

GIVERNY,
ÉCRIN DES NYMPHÉAS

Eure

En 1883, Claude Monet loue à Louis-Joseph Singeot sa « maison du pressoir », dans la petite localité de Giverny. Il s'y installe avec ses deux enfants, sa compagne Alice Hoschedé, et les six enfants de celle-ci. Il acquiert la maison en novembre 1890 pour la somme de 22 000 francs. Les couleurs vives inondent maison et jardins. Dès son arrivée, le peintre crée le Clos normand, où il sème et cultive ses fleurs qu'il protège de la poussière des chemins en finançant leur goudronnage. Malgré les embûches semées par la municipalité de Giverny, il parvient à créer son Jardin d'eau, inspiré de celui du Trocadéro, en détournant le ruisseau qui passe devant chez lui. Il le plante de nénuphars multicolores (les fameux nymphéas). Un atelier est spécialement construit pour jouir de leur vue et accueillir les 300 toiles qui leur sont dédiées, dont 8 monumentales mesurent 1,97 mètre de hauteur et couvrent 200 m². Après avoir perdu son fils aîné à la guerre, Monet lègue *Les Nymphéas* à l'État, par l'intermédiaire de son ami Clemenceau, en 1918. Monet vit à Giverny jusqu'à sa mort, et son fils Michel lègue la maison à l'Académie des beaux-arts en 1966.

L'ABBAYE DE JUMIÈGES,
LUMIÈRE DU ROMANTISME

Seine-Maritime

L'abbaye bénédictine a été fondée vers 654 par saint Philibert. Son essor est rapide (elle peut accueillir jusqu'à 900 moines et 1 500 laïcs dès la fin du VIIe siècle), mais sa position, dans l'un des méandres de la Seine, l'expose aux incursions vikings. Elle est dévastée en 841, et ses moines entament une longue pérégrination à travers la France. La création du duché de Normandie, au début du Xe siècle, et la sécurisation partielle du territoire lui permettent de renaître. En 1450, Charles VII y inhume sa bien-aimée Agnès Sorel. La Révolution chasse les moines de Jumièges, et l'abbaye, vendue comme bien national, devient une carrière de pierre jusqu'au milieu du XIXe siècle. Les romantiques trouvent alors dans cette nef majestueuse, dépourvue de charpente et qui conserve ses tours fragiles offertes aux éléments, une source de contemplation. Les propriétaires y aménagent une petite résidence, où vont séjourner Victor Hugo, qui la considère comme l'*« une des plus majestueuses ruines de France »*, ou encore George Sand. Son mystère a enfin inspiré Maurice Leblanc pour ses aventures d'Arsène Lupin.

LE PALAIS DE JUSTICE DE ROUEN

Seine-Maritime

En 1499, le roi de France Louis XII, ancien gouverneur de Normandie, crée à Rouen l'Échiquier de Normandie, haute cour judiciaire et financière, qui devient parlement en 1515, par un édit en prose. Ses membres s'installent dans un majestueux édifice, rare exemple d'architecture gothique civile. Louis XII a également intronisé, en vers cette fois, la basoche du palais, institution commune à de nombreux parlements, chargée de régler les différends entre les clercs qui la composent et les particuliers. Elle bénéficie de privilèges qui en font rapidement une force contestataire du pouvoir judiciaire et royal, les tournant en ridicule à travers des fêtes et représentations burlesques. La basoche de Rouen s'est ainsi illustrée lors de la visite de Louis XIII ou encore à la dissolution des parlements par Louis XVI.
Bombardé en 1944, les restaurations du parlement, devenu palais de justice, ont permis la découverte, dans la cour, de la « maison sublime ». Construite vers 1100, ce qui semble être une école rabbinique est le plus ancien bâtiment juif de France.

LA VILLA CAVROIS

Croix (Roubaix) – Nord

À la fin du XIXe siècle, la révolution industrielle fait la fortune de puissantes familles du Nord. C'est le cas de la société Cavrois-Mahieu, fondée en 1865, qui fabrique à Roubaix des tissus de coton puis de laine pour les grandes maisons parisiennes. En 1923, Paul Cavrois confie les travaux de sa maison familiale de Croix, près de Roubaix, à l'architecte Robert Mallet-Stevens, qui y conçoit également le mobilier et l'une de ses uniques réalisations paysagères. Cette architecture moderne tranche dans le paysage roubaisien et, comble du luxe, elle propose la TSF, le téléphone dans toutes les pièces, jusque dans la salle de bains, qui dispose d'un confortable chauffe-peignoir. Durant la Seconde Guerre mondiale, elle est occupée par les Allemands, qui la transforment en caserne. Laissée à l'abandon dans les années 1980, elle est classée aux Monuments historiques en 1990 et acquise par l'État en 2011. Elle a aujourd'hui retrouvé son état d'origine, tandis que l'usine Cavrois-Mahieu, fermée en 2000, est devenue « La Forge », un centre d'art.

LA PISCINE DE ROUBAIX

Nord

Avant d'être un musée, la Piscine de Roubaix était... une piscine. Elle est inaugurée en 1932. Dans le plus pur style Art déco, elle participe d'un programme social et hygiéniste municipal. Elle offre aux populations ouvrières un lieu de loisirs, d'hygiène (des salles de bains occupent une aile des bâtiments) et d'activité physique. La fragilité de sa voûte contraint la municipalité à la fermer en 1985. Alors que la piscine offre ses bassins aux baigneurs, le Musée industriel de Roubaix, créé en 1835, connaît une histoire chaotique. Destiné à être une vitrine de l'art textile roubaisien, il s'enrichit peu à peu de collections d'art moderne et du fonds du négociant Henri Selosse, regroupant peintures, dessins, sculptures et objets d'art. Mais il peine à trouver un lieu adéquat. D'une ancienne filature à l'École nationale supérieure des arts et industries textiles, il est le seul musée français à être désaffecté, en 1959. Ces tribulations cessent à l'orée du XXIe siècle, avec l'installation dans la Piscine.

LE BEFFROI D'ARRAS

Pas-de-Calais

Le beffroi est à l'origine un élément de charpente construit de façon à pouvoir supporter de lourdes charges, comme des cloches. Le nom a ensuite été attribué aux tours qui le renfermaient. Ces cloches, à l'époque médiévale, étaient d'abord destinées à prévenir la population du danger : attaque extérieure ou incendie. Puis elles sont devenues le symbole de la puissance d'une ville. Sonnant l'heure laïque du travail ou appelant les dépositaires de l'autorité municipale à se regrouper, elles marquent en effet la prise de distance des populations urbaines avec la vie des campagnes, encore soumise aux règles féodales. Les villes de la Flandre médiévale, riches de leur industrie drapière, s'émancipent ainsi du pouvoir seigneurial. Les chartes qui donnent à Arras la liberté de se gouverner et les cloches qui en témoignent sont installées dans un beffroi gothique de 75 mètres de haut, construit à partir de 1463 et terminé en 1554, sur les plans de l'architecte Jacques Le Caron.

LA FANTAISIE FLAMANDE DE
LA VIEILLE BOURSE DE LILLE

Nord

Au XVIIe siècle, Lille est la capitale de langue française des Flandres espagnoles. La ville est riche de son commerce international, et la Compagnie des Indes y acclimate les plantes qu'elle ramène des confins. En 1651, le maître ébéniste Julien Destrée, architecte de la ville, conçoit la Bourse de commerce, chef-d'œuvre architectural de la Renaissance flamande. Les négociants, lassés de se réunir à la merci des intempéries sur la place du Grand-Marché, ont en effet obtenu de Philippe IV son assentiment pour la construction d'un ensemble de 24 maisons, disposées autour d'un cloître. Le bâtiment, de pierre et de briques, est couvert de teintures et de badigeons polychromes. Ses pilastres sont abondamment ornés de cariatides, de guirlandes de fruits, de cornes d'abondance, et portent les lions de Flandre. Au début du XXe siècle, une nouvelle chambre de commerce est construite, et la Bourse prend le nom de « Vieille Bourse », où se retrouvent aujourd'hui bouquinistes et danseurs de tango.

LA TOUR D'AMIENS,
LE GRATTE-CIEL PICARD

Somme

En 1940, Amiens fait l'objet d'intenses bombardements. Outre la perte de nombreux immeubles, le quartier de la place Alphonse-Fiquet, où se trouvait la gare, objectif stratégique, est totalement détruit. En 1942, un projet de réaménagement de la place est confié à l'architecte Auguste Perret. Il construit la plus haute tour en béton de son époque, 110 mètres, inspirée par les gratte-ciel américains et les beffrois du Nord. Son œuvre, qui s'élance dans le ciel picard tel un phare résolument contemporain, est mal accueillie par ses compatriotes. Des délégations d'architectes et d'ingénieurs des pays de l'Est, venus voir ses travaux, en particulier au Havre, s'en sont inspirées, permettant à ses détracteurs de déplorer son style « soviétique ». Pour Perret, l'architecture est ce qui fait de belles ruines. Les Monuments historiques, en classant la tour en 1975, empêcheront pour quelque temps ce destin funeste.

LE CHÂTEAU DE CHANTILLY

Oise

La forteresse médiévale de Chantilly devient un château Renaissance grâce au connétable Anne de Montmorency, proche de François Ier. Confisqué par Louis XIII, il est restitué à l'épouse du prince de Condé, Charlotte de Montmorency, dont Henri IV s'était autrefois épris. Leur fils, dont le génie militaire lui vaut le nom de « Grand Condé », est l'artisan de la gloire du château, où il mène une vie de cour digne de celle de Versailles. C'est dans ses cuisines qu'a lieu le suicide, en 1671, de son cuisinier François Vatel (qui n'est pas le créateur de la crème Chantilly, dont le nom n'apparaît qu'en 1750), dont Madame de Sévigné a fait le récit. En 1719, le duc de Bourbon y construit les plus grandes écuries d'Europe. En 1804, le dernier des Condé, le jeune duc d'Enghien, est fusillé sur ordre de Bonaparte. Le château revient à Henri d'Orléans, duc d'Aumale. Il y installe ses extraordinaires collections d'œuvres d'art et de livres anciens. À sa mort en 1897, il lègue le domaine à l'Institut de France (qui regroupe les cinq Académies) afin d'en faire un musée.

LE CHÂTEAU DE PIERREFONDS,
LE RÊVE MÉDIÉVAL DE VIOLLET-LE-DUC

Oise

Cette ancienne forteresse est construite en 1397 par le duc Louis d'Orléans, frère de Charles VI le Fol. En 1616, Louis XIII en ordonne le siège afin d'en déloger les nobles hostiles à sa politique. Richelieu la livre aux flammes, et ses ruines aux tours éventrées tombent dans l'oubli. L'intérêt pour Pierrefonds renaît avec le romantisme, que ses ruines exaltent. Alexandre Dumas, qui y a joué enfant, magnifie le *« spectre gigantesque »* devant 10 000 spectateurs avec un feu d'artifice tiré par son ami Ruggieri. Dumas rapporte encore que le sieur Connétable-Terjus, hôtelier, est le premier à proposer, en 1828, de *« montrer les ruines aux amateurs »*. Rachetées en 1810 par Napoléon Ier pour le compte de l'État, elles sont classées Monument historique en 1848. En 1857, Napoléon III projette d'y établir une résidence impériale. Il en confie la restauration à Eugène Viollet-le-Duc, qui y développe son imaginaire médiéval en créant de toutes pièces donjon et escaliers. Pierrefonds inspire enfin à Walt Disney le château de la Belle au bois dormant.

LA CATHÉDRALE DE REIMS LE CHÂTEAU DU HAUT-KŒNIGSBOURG LA PLACE STANISLAS LA GARE DE METZ LE PALAIS ROHAN L'ANCIENNE DOUANE DE STRASBOURG CLUNY LE PALAIS DES DUCS DE BOURGOGNE L'HOSPICE DE BEAUNE LA BASILIQUE DE VÉZELAY L'HORLOGE ASTRONOMIQUE DE LA CATHÉDRALE DE BESANÇON

EST

LES VERTIGINEUSES TOURS DE
LA CATHÉDRALE DE REIMS

Marne

Établie sur les fondations de thermes romains par l'évêque Nicaise au Ve siècle, c'est elle qui, en 498, aurait accueilli Clovis, venu recevoir le baptême des mains de l'évêque Rémi, avec l'huile de la sainte ampoule, apportée par un ange. C'est la revivification de cette légende par Louis le Pieu qui fait de Reims le lieu du sacre des rois de France. À partir du XIIIe siècle, elle revêt sa majestueuse robe gothique. La façade et les tours jumelles, de 83 mètres de hauteur (soit 14 mètres de plus que Notre-Dame de Paris), sont achevées au XVe siècle. Un fabliau médiéval dénonce le célèbre sourire de son ange qui attire tous les regards, facilitant la tâche des voleurs de bourse. Ravagée par les flammes en 1914, ses gargouilles crachent le plomb fondu de la toiture, et l'Ange au sourire est décapité. Les fragments de sa tête, précieusement cachés dans les caves de l'archevêché, seront retrouvés en 1915 par l'architecte des Monuments historiques Max Sainsaulieu. Restaurée, la cathédrale retrouve sa splendeur à la veille du second conflit mondial.

LE CHÂTEAU DU HAUT-KŒNIGSBOURG,

LA FOLIE MÉDIÉVALE DE GUILLAUME II

Orschwiller – Bas-Rhin

À la veille de la Première Guerre mondiale, pour affirmer la puissance de la Prusse sur le territoire alsacien reconquis en 1870, Guillaume II lance un projet de reconstruction exceptionnel au château du Haut-Kœnigsbourg. Il demande à Bodo Ebhardt d'y faire revivre le Moyen Âge des chevaliers. Mais ce projet irrite ses détracteurs, menés par Otto Piper, dont le Kaiser a refusé le projet. Ils vont jusqu'à fabriquer de fausses preuves architecturales pour discréditer les restaurations d'Ebhardt. Nombreux sont les railleurs de la vision de l'empereur, dont l'illustrateur Hansi. Ils ironisent sur la pluie battante qui noie le défilé, simulacre d'une bataille médiévale qui se voulait grandiose. C'est en ces lieux, devenus français après la défaite allemande de 1918, que Jean Renoir tourne *La Grande Illusion* en 1937. Cet épisode d'évasion pendant la Première Guerre mondiale est-il un pied de nez à Guillaume II, qui voyait le château comme le symbole de l'infranchissable frontière allemande ?

LA MONUMENTALE
PLACE STANISLAS

Nancy – Meurthe-et-Moselle

En 1705, Stanislas Leszczynski devient roi de Pologne pour un règne de courte durée. En 1709, il est contraint de fuir face aux troupes russes. C'est le début d'une vie sans domicile fixe et sans le sou pour Stanislas. Mais en 1725, le roi de France Louis XV épouse sa fille Marie et lui offre le duché de Lorraine. En remerciement, Stanislas assèche les marais (et en déloge le dragon) qui séparent la Vieille Ville de la Ville Neuve de Nancy et construit la première place Royale de France. L'ensemble monumental de plus d'un hectare, bordé de bâtiments administratifs, judiciaires, culturels et médicaux fait de la place Royale la plus grande de son époque et la première à être ouverte à tous. En 1766, Stanislas meurt, victime de l'incendie de sa robe de nuit. Son soin du bien public reste dans la mémoire de ses administrés. Aussi, après les ravages révolutionnaires, c'est naturellement une statue de Stanislas, montrant de son index son beau-père en majesté sur l'arc de triomphe, qui domine la place, qui prend son nom en 1831. Et deux dragons ornent les fontaines...

LA GARE DE METZ,
EMPHASE MONUMENTALE DU NATIONALISME ALLEMAND

Moselle

Au début du XXe siècle, Guillaume II se prépare à défendre les territoires lorrains acquis après la victoire de 1870. Sa stratégie repose sur l'envoi massif et rapide de soldats en France et requiert un important réseau de chemins de fer et de gares. Metz est alors la plus grande place forte d'Europe. Avec ses quinze voies, elle est également, en 1903, la troisième gare de l'empire. Le style médiéval, néo-roman, cher au Kaiser, ancrage historique du pouvoir allemand dans une Metz hostile, y triomphe. Sur son quai personnel, il fait construire une porte et un ascenseur majestueux afin d'y faire passer son cheval. À partir de 1918, l'iconographie germanique a été modifiée, le chevalier de la tour, qui avait les traits d'un feld-maréchal de Guillaume II, décapité. Mais le vitrail de Charlemagne, des bas-reliefs représentant les petits artisans ou encore des dromadaires, métonymie de la construction du chemin de fer entre Berlin et Bagdad, ornent toujours les colonnades. Les Messins se sont depuis réconciliés avec ces décors, que Maurice Barrès qualifiait de «*platitudes*». Leur gare fait aujourd'hui l'objet d'une demande d'inscription sur la liste du patrimoine mondial.

LE PALAIS ROHAN,
SOMPTUEUX MODÈLE D'UN CLASSICISME RAFFINÉ

Strasbourg – Bas-Rhin

Armand Gaston de Rohan est en son temps le plus jeune cardinal de France, accédant à la pourpre avant 40 ans. Grand aumônier de France, il a le privilège de faire communier Louis XIV, dont il serait le fils. La « belle Soubise », mère du cardinal et favorite du roi, ainsi que son époux se plaisaient à laisser courir la rumeur, expliquant ainsi la singulière affection du monarque pour Rohan. Il lui confie en 1704 l'évêché de Strasbourg. Le cardinal y fait construire, à partir de 1727, sa résidence princière (Strasbourg est alors une principauté), symbole de son pouvoir à la fois ecclésiastique et politique. Son style classique, simple, harmonieux, mais imposant par ses façades sculptées et son aménagement intérieur luxueux, affirme le raffinement à la française et la puissance du culte catholique renouvelé, dans une ville protestante conquise depuis moins d'un demi-siècle. Le palais du prince-évêque, auquel même Saint-Simon ne trouve pas d'autres défauts que la paresse, va abriter quatre « Rohan », dont le fameux protagoniste de l'affaire du collier de Marie-Antoinette.

L'ANCIENNE DOUANE DE STRASBOURG,
LE MOYEN ÂGE AU FIL DE L'EAU

Bas-Rhin

La « douane », édifice où sont perçus les droits d'entrée et de sortie des marchandises, a succédé aux *portoria* romains puis aux tonlieux (péages) de Charlemagne, implantés dans les ports, sur les fleuves et les routes. Leur bénéfice revient au Trésor, à diverses collectivités et peu à peu aux grands seigneurs qui les accaparent. La douane de Strasbourg (Kaufhaus, « maison du commerce ») est construite au milieu du XIVe siècle sous l'impulsion des bateliers. Outre le contrôle et le stockage des marchandises, l'impressionnant édifice de 100 mètres de longueur accueille des foires sur les bords de l'Ill, et on y frappe monnaie. À partir du XVe siècle, une auberge s'installe au rez-de-chaussée. La douane symbolise la puissance commerciale de la ville, qui en perçoit les revenus. Jusqu'au XVIIIe siècle, deux grues manœuvrent des marchandises de plus d'une tonne depuis les barques jusqu'au quai, où elles sont pesées sur une balance monumentale. Détruite pendant la Première Guerre mondiale, la douane a été reconstruite dans les années 1960 et a renoué avec sa vocation de restauration des visiteurs.

CLUNY,
LE CŒUR DU PLUS GRAND ORDRE MONASTIQUE D'OCCIDENT

Saône-et-Loire

En 910, Guillaume le Pieux, comte de Toulouse et duc d'Aquitaine, fonde par la charte de Bourges l'abbaye de Cluny. Elle ne dépend d'aucune autre autorité que celle de Rome. Pendant six siècles, l'abbaye et l'ordre clunisien illuminent l'Occident à travers les 1 400 abbayes de l'ordre et trois collèges universitaires. Près de celui de Paris, les abbés de Cluny possèdent un hôtel particulier, l'actuel Musée du Moyen Âge. Le déclin de Cluny s'amorce au XVIe siècle, et la Révolution le précipite. Il n'en reste bientôt que des ruines. La Major Ecclesia est détruite à l'explosif en 1810. Son portail aux dimensions époustouflantes (son tympan a été sculpté dans un monolithe de 23 tonnes) est encadré par les imposantes tours Barabans. Hautes de 47 mètres, elles doivent leur nom à leur fonction défensive, qu'il s'agisse du mot latin signifiant « fortification », ou de leurs cloches, qui ont été fondues en canon. C'est au médiéviste américain Kenneth John Conant, soutenu par la Fondation Guggenheim, que l'on doit la redécouverte de la Major Ecclesia à partir de 1924.

LE PALAIS DES DUCS DE BOURGOGNE,

CINQ SIÈCLES D'ARCHITECTURE PRESTIGIEUSE

Dijon – Côte-d'Or

En 1395, le roi de France Jean II le Bon confie à son fils Philippe le Hardi, celui-là même qui le prévint de son fameux *«Père, gardez-vous à droite»* lors de la bataille de Poitiers, le duché de Bourgogne. Celui-ci devient un État qui ébranle à plusieurs reprises le trône de France. Philippe fait construire à Dijon un palais gothique digne de son prestige. Les tours, qui affirment la puissance bourguignonne, accueillent d'abord les logis, puis des prisonniers. C'est pour avoir retenu le roi René d'Anjou, duc de Bar, que la tour Neuve devient tour de Bar. Le goût du prestige et de la table (c'est Philippe le Hardi qui introduit le pinot noir dans les vignobles bourguignons) se révèle dans des pièces de réception au décor fastueux, mais également dans de monumentales cuisines construites sous Philippe le Bon, le fondateur de l'ordre de la Toison d'or. Charles le Téméraire est le dernier duc de Bourgogne. Il meurt dévoré par les loups devant Nancy. Le palais tombe alors dans l'escarcelle française et parvient jusqu'à nous remarquablement conservé.

L'HOSPICE DE BEAUNE,
LE TRIOMPHE DE LA COULEUR

Côte-d'Or

L'hospice de Beaune est fondé en 1443 par Nicolas Rolin, chancelier du duc de Bourgogne, et son épouse, Guigone de Salins. Il accueille les Beaunois frappés par la misère et la famine. Il tire ses revenus des dons des nobles, soucieux du salut de leur âme, qui le dotent également de tapisseries somptueuses, de mobilier précieux et d'œuvres d'art. Sa façade gothique et ses poutres polychromes en font un véritable « palais des Pôvres » (graphie médiévale). Ses toits de tuiles à glaçure polychrome sont devenus le symbole de la Bourgogne. Pourtant, il s'agit d'une large réinvention du XIXe siècle, les toits bourguignons étant autrefois majoritairement couverts d'ardoises.

Autre ressource, le vignoble qui jouxte les bâtiments. Le vin est à l'origine vendu à l'amiable, puis par soumission. Chaque acheteur dépose une offre inscrite sur une enveloppe cachetée contenant son identité, révélée à l'ouverture de l'enveloppe qui porte la meilleure offre. Les Hospices de Beaune (fédération de maisons « sœurs ») procèdent aux enchères depuis 1859.

LA BASILIQUE DE VÉZELAY

Yonne

Chef-d'œuvre de l'art roman bourguignon, la basilique de Vézelay, fondée au Xe siècle, est placée en 1040 sous le patronage de Marie-Madeleine, dont les reliques y sont conservées. On doit le récit d'une Marie-Madeleine arrivée en Provence à l'abbé Geoffroy de Vézelay, soucieux d'échapper à la tutelle des puissantes abbayes de Cluny et d'Autun. Haut lieu des croisades, de pèlerinages fervents, elle subit les affres révolutionnaires. L'idée de restaurer « l'église qui me [Prosper Mérimée] doit de ne pas être à terre » n'est pas très appréciée par les habitants de Vézelay, qui entravent à plusieurs reprises les travaux du premier chantier de la carrière de Viollet-le-Duc. La sainte côte de Marie-Madeleine est même volée en juin 1898, puis retrouvée dans un cimetière du Loiret en décembre. Mais Vézelay retrouve sa splendeur et attire artistes et écrivains. Romain Rolland, Paul Claudel, le critique d'art Christian Zervos ont une maison près de la *« colline éternelle »*, ainsi que l'a surnommée Maurice Druon.

L'HORLOGE ASTRONOMIQUE
DE LA CATHÉDRALE DE BESANÇON

Doubs

L'horloge astronomique de la cathédrale Saint-Jean de Besançon est réalisée entre 1858 et 1860 par l'horloger-mécanicien Auguste-Lucien Vérité. Il ne s'agit pas d'une horloge de façade, comme son illustre consœur médiévale de Prague. Ses 30 000 pièces d'engrenage et ses 57 cadrans donnent 122 indications, dont les hauteurs de marée dans 8 ports du monde. Elle est associée à deux cloches comtoises et à des automates mettant en scène le cycle du temps en utilisant des allégories bibliques. Cette merveille de technique s'inscrit dans une tradition d'excellence bisontine, venue des horlogers suisses installés à Besançon au XVIIIe siècle. L'horloge astronomique appartient à une tradition millénaire. La première machine à engrenages capable de calculer la position des astres date du IIe siècle av. J.-C. Au XIe siècle, c'est en Chine que naît la première horloge astronomique à système hydraulique. Ce n'est qu'au XIVe siècle que les Européens conçoivent des horloges, fort peu précises, exposant le système planétaire, qui n'est pas encore solaire.

LA CONCIERGERIE LA SAINTE-CHAPELLE LA GARE SAINT-LAZARE LE PALAIS ROYAL LA GRANDE PYRAMIDE DU LOUVRE LE CIMETIÈRE DU PÈRE-LACHAISE LES ASCENSEURS DE LA TOUR EIFFEL LES ÉGOUTS DE PARIS LE CENTRE GEORGES-POMPIDOU L'ARC DE TRIOMPHE LE TOMBEAU DE NAPOLÉON LE PONT NEUF LA GARE DE LYON L'OBÉLISQUE DE LA PLACE DE LA CONCORDE L'OPÉRA DE PARIS LE SACRÉ-CŒUR DE MONTMARTRE LE MUSÉE D'ORSAY LES ARÈNES DE LUTÈCE LE PAVILLON BALTARD LES GRANDS MOULINS DE PANTIN LE GRAND PALAIS LA BASILIQUE SAINT-DENIS LA VILLA SAVOYE LA FONTAINE DE LATONE LE CHÂTEAU DE VAUX-LE-VICOMTE PROVINS

PARIS
ÎLE-DE-FRANCE

LA CONCIERGERIE

Paris – Île-de-France

Avec les Capétiens, l'île de la Cité accueille le siège de l'ensemble de l'administration royale. Le palais connaît son apogée au milieu du XIIIe siècle, sous le règne de Saint Louis, avec l'édification de la Sainte-Chapelle et du palais de justice. Sur les bords de la Seine, un bâtiment accueille gardes, personnel, cuisines, salle du lit de justice. C'est la Conciergerie, du nom du « concierge » gouverneur puissant, qui, depuis le départ de Charles V de l'île, administre le palais. Ses tours témoignent de son passé fortifié. La tour de César est un hommage à l'ancien site romain sur lequel le palais est construit ; celle de l'Horloge a accueilli la première cloche publique fondue en France en 1371 ; la tour d'Argent recelait le Trésor royal, et les prisonniers étaient soumis à la question dans la tour dite « Bon-Bec », les contraignant à délier leur « bec ». Siège du Tribunal révolutionnaire, c'est la plus ancienne prison de France. Elle fut la geôle de Ravaillac, Cartouche, Marie-Antoinette, du maréchal Ney ou encore de Ravachol.

LA SAINTE-CHAPELLE
OU LE TRIOMPHE DU VITRAIL

Paris – Île-de-France

C'est à Saint Louis que l'on doit ce bijou du gothique rayonnant, écrin de la couronne d'épines du Christ et d'un fragment de sa croix. En 1239, Louis IX achète ces reliques à l'empereur de Constantinople, alors en délicatesse financière. Elles avaient déjà été mises en gage chez des usuriers vénitiens, que le roi de France a donc dû dédommager. Il lui en coûte près de la moitié des revenus du domaine royal. Il les place dans la Sainte-Chapelle, construite dans l'enceinte du palais de la Cité et qu'il veut emplie de la lumière divine. Celle-ci inonde une nef étroite par les 1 113 vitraux des verrières de 15 mètres de hauteur racontant l'histoire du monde chrétien jusqu'à l'arrivée des reliques à Paris. Les vitraux sont dispersés en 1803, et les verrières sont murées. On retrouve des panneaux jusque dans les églises anglaises ou encore au Victoria and Albert Museum de Londres. Néanmoins, 77 d'entre eux sont toujours conservés au Musée de Cluny. Noircis par le vernis destiné à les protéger à la fin du XIXe siècle, ils ont aujourd'hui retrouvé leur éclat et disposent même d'un « double vitrage » qui les protège de la pollution et de la condensation.

LA GARE SAINT-LAZARE,
PREMIÈRE MARQUISE DU ROYAUME

Paris – Île-de-France

L'embarcadère de la place de l'Europe est construit en 1837 pour accueillir la première ligne de chemin de fer au départ de Paris. Elle dessert alors Saint-Germain. Vingt ans plus tard, cinq grandes compagnies se partagent le réseau en étoile dont Paris est le centre. L'embarcadère devient gare. Elle prend le nom du quartier, Saint-Lazare, patron des lépreux qu'il abritait au Moyen Âge. Elle relie désormais Paris à l'Atlantique. Dans les années 1870, c'est la plus grande gare de la capitale. Claude Monet en immortalise la marquise. L'auvent de toile des tentes militaires est désormais une gigantesque toiture vitrée protégeant les quelque 25 millions de passagers annuels. Ils connaissent déjà les déboires du transport en chemin de fer. En janvier 1881, des dysfonctionnements sur les voies occasionnent des retards que la Compagnie de l'Ouest refuse de dédommager, provoquant une émeute chez les voyageurs. Le 10 avril 1912, le *Titanic* fait escale à Cherbourg, et c'est de la gare que part le *New York Express* transportant des passagers du Transatlantique.

LE DOMAINE DU PALAIS ROYAL,
HAUT LIEU DU SCANDALE

Paris – Île-de-France

Édifié face au Louvre par le cardinal de Richelieu en 1634, le Palais royal sert de résidence à la régente Anne d'Autriche et de refuge au jeune Louis pendant la Fronde. Le calme revenu et Louis XIV installé à Versailles, le palais revient à son frère, le duc d'Orléans. Haut lieu de frasques et de plaisirs, ce serait à la ponctualité de la détonation du petit canon méridien de son jardin que l'on doit l'expression « midi pétant ». En 1781, en manque de trésorerie, Louis d'Orléans (Philippe Égalité), de qui Jean Véfour est le talentueux cuisinier, encadre la nouvelle cour d'honneur de bâtiments destinés à accueillir boutiques et locataires. L'un d'eux reste à l'état de charpente, et ce « camp des Tartares » accueille camelots et farceurs de rue. Fermées à la police royale, à l'abri des regards au cœur du Paris commerçant et culturel des XVIIIe et XIXe siècles, les arcades du Palais royal accueillent prostitution, jeux et harangues subversives pendant près de cent ans. Le lieu de débauche des *Illusions perdues* de Balzac recouvre son prestige au XXe siècle. Il n'en fait pas moins scandale lorsque Daniel Buren y installe, en 1986, ses *Deux Plateaux*, à la demande du ministère de la Culture, qui siège au Palais royal.

LA GRANDE PYRAMIDE,
LE TROISIÈME CHEF-D'ŒUVRE DU LOUVRE

Paris – Île-de-France

En 1984, l'accueil de la commission des monuments historiques fait au projet d'Ieoh Ming Pei, architecte sino-américain, est mitigé. Lorsqu'il est validé par le président François Mitterrand, qui souhaite créer le Grand Louvre, et qu'il est révélé au public, le tollé est général. Pourtant, l'idée d'une pyramide n'est pas nouvelle. En 1889, lors de la commémoration du centenaire de la Révolution, Louis-Ernest Lheureux a proposé d'orner l'esplanade du Louvre d'une pyramide cyclopéenne de style néo-aztèque. Le projet est resté sur le papier, conservé depuis au Musée d'Orsay. De métal et de verre, les pyramides de Pei sont autrement plus graciles. Reprenant les proportions des pyramides de Gizeh, leur construction, entre 1985 et 1988, a permis de mettre au jour les vestiges du Louvre médiéval. Les pyramides, qui semblaient faire injure au classicisme du palais, s'inscrivent ainsi dans le récit historique et font désormais partie des chefs-d'œuvre de l'un des plus importants musées du monde.

LE CIMETIÈRE DU PÈRE-LACHAISE,
LUXE ET REPOS ÉTERNEL

Paris – Île-de-France

Au XVIIe siècle, les jésuites possèdent sur le Mont-Louis un domaine où se retire régulièrement François d'Aix de La Chaise, confesseur de Louis XIV et instigateur de la révocation de l'édit de Nantes. En 1803, le préfet de la Seine en fait l'acquisition et, en 1804, le cimetière de l'Est s'y installe. En effet, dans un souci de salubrité, Napoléon a ordonné le transfert des cimetières hors des murs de Paris. Conçu par Alexandre Brongniart, l'architecte du palais de la Bourse, le jardin anglais du « Père-Lachaise », situé dans un quartier pauvre, est boudé par les Parisiens. Aussi la translation des restes de Molière, La Fontaine, Héloïse et Abélard y est-elle organisée en 1817. Le succès est immédiat. Les grands noms qui choisissent d'y être inhumés confient leur sépulture à des architectes et des sculpteurs de renom, comme Visconti, Guimard ou encore Garnier. Lieu de refuge des Fédérés lors de la Commune, 147 d'entre eux sont fusillés devant le mur d'enceinte, qui depuis porte leur nom. Thiers, qui réprima la Commune, est enterré au Père-Lachaise.

LES ASCENSEURS DE LA TOUR EIFFEL,
UNE PROUESSE TECHNOLOGIQUE

Paris – Île-de-France

Les cinq ascenseurs de la tour d'Eiffel ont été conçus en même temps que la Dame de fer, en 1889. Si l'ascenseur existe déjà depuis un quart de siècle, c'est la première fois que l'on en construit avec de telles contraintes de charge, de hauteur et d'inclinaison. Ils sont toujours uniques en leur genre, adaptés à une montée oblique, grâce à des systèmes à la fois hydrauliques et funiculaires avec contrepoids. Trois constructeurs de renom y travaillent. L'américain Otis, d'abord fabricant de ressorts et inventeur du parachute, conçoit ce système de sécurité qui permet de retenir les monte-charge en cas de rupture des câbles ; les français Roux-Combaluzier, dont l'association est entrée dans le langage courant pour désigner un compagnonnage fraternel et indissoluble (expression reprise par Boris Vian et Georges Perec), et enfin le français Édoux, inventeur du vérin hydraulique. Les ascenseurs Roux-Combaluzier ont été remplacés en 1899 par des ascenseurs Fives-Lille, qui sont toujours en service.

LES ÉGOUTS DE PARIS,
UNE CAPITALE SOUTERRAINE

Île-de-France

Lorsque Philippe Auguste, vers 1200, fait paver les rues de Paris, il prévoit des rigoles en leur milieu pour évacuer les eaux usées vers des déversoirs comme le trou Punais («qui pue») ou le trou Gaillard. Au XIVe siècle, une partie des égouts (du verbe «égoutter») sont couverts. Le ruisseau de Ménilmontant, ou «grand égout», dans lequel ils se déversent reste à ciel ouvert. Jusque dans les années 1850, ses boues, ramassées par les «boueurs», sont mises à sécher, notamment aux Buttes-Chaumont, pour servir d'engrais, ou encore rejetées dans la Seine. De l'enquête menée sous Louis XIII à la fuite de Jean Valjean dans *Les Misérables*, inspirée de la toute première exploration cartographique menée par Pierre Emmanuel Bruneseau entre 1805 et 1812, les égouts de Paris sont le lieu de la pestilence et de la maladie. C'est au baron Haussmann et à l'ingénieur Belgrand que l'on doit le nouveau réseau: 2600 km de rues souterraines à hauteur d'homme, doublant le réseau terrestre dont il reprend la toponymie, évacuent les eaux usées et acheminent l'eau potable. En surface, l'Anglais Richard Wallace offre vers 1870 des fontaines pour la distribuer gratuitement. À partir de 1894, le tout-à-l'égout est obligatoire.

MONTRER L'IMMONTRABLE :

LE CENTRE GEORGES-POMPIDOU

Paris – Île-de-France

Au XIXe siècle, le plateau de Beaubourg est un quartier densément peuplé, misérable. Foyer d'insurrection en 1830, il sert de décor à Balzac, Hugo, Baudelaire, qui témoignent de la violence des soulèvements. Cet « îlot d'insalubrité » est rasé dans les années 1930. En 1969, le président Georges Pompidou, qui souhaite la création d'un centre national d'art et de culture, choisit ce qui est devenu un terrain vague pour l'y installer. La destruction concomitante des Halles fait un tollé. En 1971, le projet des lauréats Renzo Piano et Richard Rogers en provoque un second. Il s'agit de créer cinq plateaux superposés, entièrement libérés de toute entrave structurelle. L'ossature du bâtiment (en blanc) ainsi que toutes les conduites techniques (peintes en bleu pour l'air, vert pour l'eau, jaune pour l'électricité et rouge pour la circulation humaine) sont placées à l'extérieur. La modernité de l'ensemble détone dans l'environnement historique. Si sa beauté fait toujours débat, la qualité des expositions et des institutions qu'il abrite a rapidement fait du Centre Pompidou une référence en matière d'art contemporain.

L'ARC DE TRIOMPHE

Paris – Île-de-France

Au lendemain de la bataille d'Austerlitz (2 décembre 1805), Napoléon Ier promet à ses soldats qu'ils ne rentreront que sous des arcs de triomphe. En 1806, il commande quatre arcs aux architectes Jean-François Chalgrin et Jean-Arnaud Raymond. Le premier à être mis en œuvre est le grand arc d'Austerlitz. Le choix de l'emplacement du monument (financé par un prélèvement de 10 % sur les taxes appliquées au commerce des blés) est plus délicat. Napoléon souhaite l'installer dans le quartier de la Bastille, où se regroupe l'armée lors des départs en campagne. C'est finalement la colline de l'Étoile, carrefour de chasse (en étoile) aplani au XVIIIe siècle, qui est choisie pour sa perspective sur les Champs-Élysées. En 1810, Napoléon et sa nouvelle épouse Marie-Louise font leur entrée dans Paris en passant sous une maquette de l'arc grandeur nature en bois et en toile peinte. La chute de l'Empire interrompt sa construction. Napoléon ne franchit à nouveau les arches que dans son convoi funéraire lors du retour de ses restes en 1840. L'arc est terminé sous la Restauration, qui en fixe l'iconographie. Il accueille le campement des soldats allemands victorieux en 1870, puis les restes du soldat inconnu en 1921.

LE TOMBEAU DE NAPOLÉON,

L'OR ET LA POURPRE DES INVALIDES

Paris – Île-de-France

Après sa mort en 1821 à Sainte-Hélène, la dépouille de Napoléon Ier ne quitte la vallée des Géraniums qu'en 1840, à la demande de Louis-Philippe, soucieux de s'allier les bonapartistes de l'Assemblée. Les quatre cercueils de fer-blanc, de bois, de plomb et d'acajou dans lesquels est inhumé l'Empereur prennent la mer sur *La Belle Poule*, troisième du nom, commandée par le prince de Joinville, fils de Louis-Philippe. Ils arrivent à Paris en décembre 1840, après un dernier bivouac à Courbevoie. Déposés dans la chapelle royale du dôme des Invalides, hôpital militaire créé par Louis XIV, ils sont enchâssés en avril 1862 dans l'imposant sarcophage de quartzite pourpre impériale, qui reprend leur forme en lignes épurées dessinées par Visconti. Il est placé dans une fosse creusée sous le dôme, dont la hauteur majestueuse est ainsi conservée. Entouré de douze Victoires ailées, allégories de ses douze campagnes victorieuses, Napoléon Ier est rejoint en décembre 1940 par son fils, le roi de Rome, mort et enterré à Vienne en 1832. Hitler souhaite, par ce geste décidé au lendemain de la capitulation française et de sa visite parisienne, sceller la collaboration entre la France et l'Allemagne.

LE SI VIEUX
PONT NEUF

Paris – Île-de-France

La construction du pont Neuf est lancée par Henri III en 1577. Interrompue par les guerres de religion, il est inauguré par Henri IV. Il relie, par l'île de la Cité, le Louvre aux nouveaux quartiers de la rive gauche. Alors que les autres ponts sont bordés de maisons, sa particularité est de n'en compter aucune, exception faite de la Samaritaine. Ce pavillon sur pilotis, dont le surnom vient de la sculpture qui l'orne, abrite la pompe qui alimente en eau le Louvre et les Tuileries. Détruite en 1813, elle reste dans le souvenir grâce au grand magasin créé à côté du pont par Ernest Cognacq en 1870. Offrant donc une vue dégagée sur le fleuve, cette large voie de communication bordée de trottoirs incite à la promenade. Le lieu est animé par les petites échoppes qui le bordent, où se côtoient camelots, devins et jeux de dupes. Le long de ses piliers s'installent des moulins et des bains flottants, interdits au XVIIIe siècle. C'est peut-être grâce à son décor de mascarons grotesques, destinés à chasser le mauvais œil, que le pont Neuf est aujourd'hui le plus vieux pont de Paris.

LA GARE DE LYON,
LA CÔTE D'AZUR EN PLEIN PARIS

Île-de-France

Les années 1840 marquent la création du réseau ferroviaire en étoile au départ de Paris et le début de la construction des grandes gares parisiennes. La gare de Lyon, d'abord simple embarcadère, détruite sous la Commune, est reconstruite par Marius Toudoire pour l'Exposition universelle de 1900. Elle accueille alors 13 voies (aujourd'hui identifiées par des lettres) et est le terminus de la première ligne de métro. Elle est unique à plusieurs points de vue : surélevée pour ne pas subir les crues de la Seine, l'horloger Paul Garnier la dote d'un beffroi pourvu de quatre horloges gigantesques, qui en font la deuxième horloge la plus haute d'Europe après Big Ben. Le buffet de la gare, de style Belle-Époque, est un somptueux hommage aux villes desservies par la compagnie PLM. Avec l'avènement de la « Côte d'Azur », dénomination née sous la plume de Stéphen Liégeard, un train de luxe est lancé par la Compagnie des Wagons-Lits en 1922, reliant de nuit Calais à Vintimille. La couleur bleu et or de ses wagons inspire à Jean Cocteau son ballet *Le Train bleu* et baptise le buffet de la gare.

L'EXTRAORDINAIRE VOYAGE DE
L'OBÉLISQUE DE LA PLACE DE LA CONCORDE

Paris – Île-de-France

Dans les années 1820, le vice-roi d'Égypte, Méhémet Ali, cherche le soutien des Anglais et des Français pour moderniser son pays. À cet effet, il leur offre des obélisques. Pour Louis-Philippe, ce monument apolitique évocateur de la splendeur romaine est idéal pour la nouvelle place de la Concorde, où a sévi la guillotine révolutionnaire. Champollion, jeune traducteur des hiéroglyphes, choisit ceux du temple de Louxor. Il conseille malicieusement au pacha d'offrir à l'Angleterre celui de Karnak, intransportable. Le voyage du premier obélisque est une entreprise titanesque. Cinq années séparent la dépose de cette «petite broche» (étymologie grecque du mot) de 23 mètres de hauteur et de 230 tonnes de son installation à Paris. Sa base est changée, l'originale, ornée de babouins en érection, ayant été jugée impudique et cachée au Louvre. Un nouveau pyramidion doré remplace l'original, détérioré. C'est devant près d'un cinquième des habitants de Paris que 300 artilleurs et marins érigent, le 25 octobre 1836, en trois heures, l'obélisque, qui ne reverra finalement jamais son jumeau.

L'OPÉRA DE PARIS,
LE GRANDIOSE LES PIEDS DANS L'EAU

Île-de-France

L'Opéra, confié à l'architecte Charles Garnier, est le monument le plus coûteux réalisé par Napoléon III. Dans le plan haussmannien, ces monuments sont les points d'orgue des nouvelles voies de circulation. Ainsi la butte des Moulins a-t-elle été arasée afin de permettre, en 1870, le percement de l'avenue de l'Opéra, qui débouche sur l'édifice, construit entre 1861 et 1874. Son grand escalier grandiose, ses décors peints et sculptés, qui font le ravissement de l'Empereur et de son épouse Eugénie, reposent sur une nappe phréatique capricieuse. Il faut huit mois aux huit pompes à vapeur pour évacuer l'eau des fondations et la stocker dans des cuves destinées à empêcher leur remontée ultérieure. C'est sur ces « lacs » que navigue le fantôme de Gaston Leroux. Dans la grande salle, les couleurs de Marc Chagall illuminent le plafond. Réalisées sur des panneaux démontables, les toiles, commandées par André Malraux, dissimulent le plafond original peint par Jules-Eugène Lenepveu.

DE BYZANCE AU MONT DES MARTYRS,

LE SACRÉ-CŒUR DE MONTMARTRE

Paris – Île-de-France

Après la défaite de 1870 et les divisions profondes de la nation lors de la Commune, Alexandre Legentil (grand commerçant) et son beau-frère Hubert Rohault de Fleury (peintre) font le vœu de construire une église pour réconcilier le pays avec la foi. La colline de Montmartre est symbolique. Lieu du martyr de saint Denis (étymologie possible du toponyme « mont du Martyr ») et de la fondation de l'ordre des jésuites par Ignace de Loyola en 1534, c'est aussi à Montmartre, quartier populaire et libertaire, qu'a éclaté la Commune et qu'ont été créées *Le Temps des cerises* et *L'Internationale*. Paul Abadie réalise les plans de la basilique. Son architecture et ses décors de mosaïques somptueuses et d'icônes inspirés de l'art byzantin reposent sur des piliers de 33 mètres de profondeur. Son dôme est le deuxième point culminant de Paris après la tour Eiffel. Lieu de pèlerinage, elle accueille en 1887 la jeune Thérèse Martin, future sainte Thérèse de Lisieux. En 1885 débute une prière (adoration), relayée nuit et jour, qui n'a jamais été interrompue depuis 131 ans.

LA GARE-PALAIS DES BEAUX-ARTS,
LE MUSÉE D'ORSAY

Paris – Île-de-France

La gare d'Orsay est construite pour l'Exposition universelle de 1900. Ce quartier très prisé porte le nom du prévôt des marchands, Charles Boucher, seigneur d'Orsay, à qui l'on doit le quai, construit à partir de 1708. Le palais d'Orsay, siège de la Cour des comptes et du Conseil d'État, y est construit entre 1810 et 1838. Incendié lors de la Commune, le lieu est cédé à la Compagnie des chemins de fer d'Orléans, un peu à l'étroit à la gare d'Austerlitz. Victor Laloux conçoit une gare à la hauteur de son cadre : ses façades élégantes s'intègrent aux demeures bourgeoises du quartier, tandis que la modernité des matériaux et des volumes marque l'intérieur. À partir de 1939, la gare est abandonnée. Elle accueille le tournage du *Procès* d'Orson Welles, ou encore la compagnie de théâtre Renaud-Barrault. Fermée en 1973, menacée de destruction, elle est sauvée par le président Valéry Giscard d'Estaing, qui décide d'y installer un musée d'art moderne. Inauguré en 1986, sa restauration a préservé la gigantesque nef, les verrières et la marquise de la gare, à la fois musée et œuvre à part entière.

LES ARÈNES DE LUTÈCE,
LE PLUS ANCIEN MONUMENT DE PARIS

Île-de-France

Sans doute édifiées vers 200, les arènes sont redécouvertes en 1869 grâce aux travaux du préfet Haussmann et au percement de la rue Monge. Abandonnées depuis le IIIe siècle, ayant servi de carrière, de cimetière, puis comblées par les terres de remblai du fossé des remparts de Philippe Auguste, les arènes n'avaient laissé leur empreinte que dans le nom du quartier : le clos des Arènes. Les quelques ruines découvertes dans la rue Monge n'évoquent d'abord rien. Mais, lorsque la Compagnie des omnibus, à qui appartient le terrain, décide de construire des écuries et un magasin à fourrages, elle découvre des vestiges bien plus importants. Une Société des amis des arènes est créée, dont Victor Hugo est l'un des membres. Elle demande le classement du site, mais il faut attendre 1913 et la disparition de la Compagnie pour que le conseil municipal puisse faire l'acquisition du site et protéger les traces, assez symboliques, des plus grandes arènes de la Gaule romaine.

LE PAVILLON BALTARD,
PROUESSE DE L'ARCHITECTURE INDUSTRIELLE

Nogent-sur-Marne – Val-de-Marne

Le marché de Paris, où sont réceptionnées les marchandises avant d'être revendues au détail, remonte à Louis VII. Il n'a cessé de s'agrandir au fil des siècles. Mais les piliers et le carreau des Halles (arcades et place où s'installent les étals) souffrent d'un cruel manque d'hygiène. Napoléon Ier, qui voulait aux Halles un « Louvre du peuple », puis Napoléon III souhaitent un grand projet pour accueillir « le ventre de Paris ». Entre 1854 et 1870, l'architecte Victor Baltard édifie dix pavillons. Le premier, construit en partie en pierre, déçoit. Le « fort des halles » (allusion aux hommes chargés de transporter les marchandises d'une halle à l'autre grâce à leur coltin, large chapeau rigide) est détruit et remplacé par « la dentelle de Vulcain », métaphore verlainienne des gigantesques verrières soutenues par une ossature métallique audacieuse. Mais en 1969, faute de place, les halles sont déplacées à Rungis et les pavillons Baltard détruits. L'un d'eux est préservé et installé en 1976 à Nogent-sur-Marne.

LES GRANDS MOULINS DE PANTIN,
MONUMENT DU PATRIMOINE INDUSTRIEL

Seine-Saint-Denis

Le canal de l'Ourcq relie la rivière Ourcq au bassin de la Villette à Paris depuis le XIXe siècle, alimentant en eau potable la capitale, haut lieu de la batellerie marchande et des flâneries bucoliques. C'est sur ses rives, à Pantin, qu'en 1882 Abel Leblanc, minotier briard, installe ses moulins, dotés des dernières innovations en matière de meunerie. Il y produit près de 800 quintaux de farine par jour dans les années 1920. À la mort d'Abel Leblanc, le moulin est repris par la société des Grands Moulins de Pantin-Paris, qui confie l'aménagement des bâtiments à l'architecte Eugène Haug. Celui-ci dessine des silos aux proportions extraordinaires et un château d'eau de 47 mètres, orné d'un clocheton et d'horloges gigantesques. Les Grands Moulins sont un véritable monument à la gloire de l'industrie meunière. En 2001, l'activité des Grand Moulins de Pantin cesse. Ils sont reconvertis en bureaux, percés de grandes baies vitrées, dans lesquelles se reflètent les eaux du canal.

LE GRAND PALAIS,
TRIOMPHE DE L'EXPOSITION UNIVERSELLE DE 1900

Paris – Île-de-France

Le projet parisien de l'Exposition universelle est grandiose : il s'agit de percer une avenue pour relier les Champs-Élysées aux Invalides, de la border de deux palais dédiés à la gloire de l'art français et, en sous-sol, de créer la première ligne de métro. L'alliance avec la Russie y est célébrée : le pont est baptisé du nom du tsar tout juste défunt, Alexandre III, et l'avenue, du nom de son successeur Nicolas II (rebaptisée depuis Winston-Churchill). La construction du Grand Palais débute en 1893. C'est alors la plus grande verrière d'Europe. Il mêle les styles baroque et classique, et l'on retrouve dans les décors des témoignages de l'alliance franco-russe. En 1905, il accueille le Salon d'automne de peinture. Dans la salle n° VII sont exposées les toiles de Matisse, Braque, Derain. Leurs couleurs éclatantes font un scandale, et le critique Louis Vauxcelles, au sujet d'une statuette d'Albert Marque, regrette que ce *« Donatello [soit] au milieu des fauves »*. La salle devient la « cage aux fauves ». Le fauvisme est né.

LA BASILIQUE SAINT-DENIS, L'ART AU SERVICE DES ROIS

Seine-Saint-Denis

La basilique est édifiée sur la sépulture de saint Denis, décapité en 272. Témoignage unique de la naissance de l'art gothique grâce à l'œuvre du puissant abbé Suger, et de son évolution vers le gothique flamboyant, princes et rois la choisissent comme dernière demeure. Légitimation de la nation française naissante, elle scelle au Moyen Âge l'alliance entre Dieu et le royaume en étant associée à la devise de ce dernier, « Montjoie ! », qui devient « Montjoie Saint-Denis ! ». Le terme « mont joie » désignait un tertre célébrant un événement et l'expression peut être traduite par « à la victoire ! ». La sculpture funéraire (des gisants aux transis aux personnages en prière) témoigne de l'évolution du rapport avec la mort. Lors de la Révolution, les tombes sont profanées, et les dépouilles royales, exposées, avant d'être jetées dans une fosse commune. Seule la reine Louise de Lorraine, épouse d'Henri III, repose sous sa dalle. Ses restes ont en effet été retrouvés en 1806 dans la fosse d'aisance du couvent des Capucines de la place Vendôme, où elle est morte, et inhumés à Saint-Denis en 1817.

LA VILLA SAVOYE,
MANIFESTE DE L'ARCHITECTURE MODERNE

Poissy – Yvelines

« Les Heures claires » est le nom original de la villa construite entre 1928 et 1931 pour la famille d'assureurs parisiens, les Savoye. Elle est l'œuvre de l'architecte d'origine suisse Charles-Édouard Jeanneret, qui choisit au début des années 1920 le pseudonyme « Le Corbusier », du nom de l'un de ses grands-pères. C'est la dernière d'une série de villas, et celle qui reprend les cinq principes architecturaux de Le Corbusier : maison sur pilotis surmontée d'un toit faisant office de terrasse et de jardin suspendu, un plan et une façade libres de murs porteurs, intégralement entourés d'un bandeau de fenêtres. Résidence secondaire des Savoye, elle sert de grenier à foin aux armées d'Occupation pendant la Seconde Guerre mondiale. Vendue à la ville de Poissy, qui souhaite la démolir, c'est grâce à la mobilisation d'architectes internationaux, pour lesquels la villa est le modèle du modernisme, que la maison est sauvée et ouverte au public.

LA FONTAINE DU BASSIN DE LATONE,
LE TRIOMPHE DE L'EAU

Versailles – Yvelines

C'est aux frères Marsy et à Mansart que l'on doit la plus grande fontaine du parc du château de Versailles, la fontaine de Latone, mère d'Apollon, le dieu soleil. Construite à partir de 1667 sur le bassin ovale du pavillon de chasse, elle est approvisionnée par un ingénieux réseau de tuyaux de plomb par lequel l'eau jaillit par gravitation. Acheminée depuis des étangs, naturels ou artificiels, depuis la Bièvre ou encore la Seine grâce à la machine de Marly (dispositif démesuré constitué de trois séries de 78 pompes et d'un aqueduc), elle est stockée dans des réservoirs surélevés, créés autour du château et sur ses toits. Louis XIV aime jouir du spectacle des grandes eaux. Mais, pour que la pression soit suffisante, chaque fontaine doit être coupée avant de mettre en eau la suivante. Sur le passage du monarque, les fontainiers se donnent le signal par sifflet. L'eau s'écoule ensuite dans le Grand Canal et est remontée vers les réservoirs. Mais l'eau des fontaines est contaminée et véhicule maladies et épidémies. Des bassins de décantation et de filtration sont construits sous Louis XV, permettant à la cour de profiter du spectacle sans risques.

LE CHÂTEAU DE VAUX-LE-VICOMTE,
VERSAILLES AVANT VERSAILLES

Maincy – Seine-et-Marne

Entre 1641 et 1661, le surintendant des Finances de Louis XIV, Nicolas Fouquet, demande à Le Nôtre, Le Vau et Le Brun de concevoir sa résidence dans son fief de Vaux-le-Vicomte. Le premier y invente le jardin « à la française », tout de rigueur et de géométrie. Fouquet y organise des fêtes somptuaires, coordonnées par le cuisinier François Vatel, employé au château de Chantilly après la disgrâce de Fouquet, et accueille La Fontaine ou encore Molière. Mais il est accusé par Colbert de vol. Condamné par Louis XIV au soir même d'une fête en son honneur donnée à Vaux, arrêté par d'Artagnan, ses biens sont saisis par la couronne. Si le monarque finit par rendre peu à peu les biens à l'épouse de Nicolas Fouquet, il prend à son service les trois concepteurs du château de Vaux pour réaliser Versailles. Vaux est vendu aux enchères en 1875, et son acquéreur, Alfred Sommier, en commence la restauration. C'est toujours un domaine privé, dans lequel ses propriétaires ont vécu jusqu'à il y a peu.

PROVINS,
JOYAU DES FOIRES DE CHAMPAGNE

Seine-et-Marne

Le XIe siècle marque le début de l'âge d'or du comté de Champagne, dont la richesse naît d'une politique commerciale d'envergure. Les comtes aménagent dans ce carrefour des routes commerciales un réseau de voies de communication sans pareil et protègent, en échange des taxes prélevées sur les marchandises, les marchands, en ville comme sur les routes. Pendant près de deux siècles, Provins accueille deux fois par an les plus grandes foires d'Europe, où s'échangent en particulier les stocks d'étoffes et épices avant de partir sur les marchés au détail du nord de la France. Si les foires ont disparu après le rattachement de la Champagne au domaine royal en 1316, elles ont laissé leur empreinte sur le tissu urbain. Entrepôts, hébergements, maisons de pesée ou de négoce, comptoir du Temple témoignent de l'activité commerciale intense du Moyen Âge provinois. Enfin, l'emblème de Provins, la rose officinale, a été ramené de Damas par le comte et trouvère Thibault IV lors de la croisade qu'il dirige en 1239.

LA CHAPELLE SAINT-MICHEL D'AIGUILHE LE CLOÎTRE DE LA CATHÉDRALE DU PUY-EN-VELAY LE CHÂTEAU D'AZAY-LE-RIDEAU LE CHÂTEAU DE CHENONCEAU LE PALAIS DE JACQUES CŒUR LE CHÂTEAU DE CHAMBORD LA MAISON DE GEORGE SAND LA BASILIQUE DE FOURVIÈRE LE CHÂTEAU DE LA PALICE LE VIADUC DE GARABIT LE MONASTÈRE ROYAL DE BROU LA PLACE DE JAUDE

CENTRE

LA VERTIGINEUSE
CHAPELLE SAINT-MICHEL D'AIGUILHE

Haute-Loire

Fondée par l'évêque du Puy, Godescalc, la chapelle Saint-Michel, au cœur du village d'Aiguilhe, situé au nord du Puy, est perchée au sommet d'une vertigineuse aiguille de lave de 82 mètres de hauteur. Une vieille légende attribue ce pic aux défécations de Gargantua. Avant d'être le héros de Rabelais, ce géant polyphage d'origine celto-ligure est à l'origine de nombreuses curiosités paysagères. Consacrée en 961, la chapelle est édifiée selon la volonté de Truannus, doyen de la cathédrale du Puy, à qui il en fait don. Les pèlerins du Puy et de Saint-Jacques doivent gravir 268 marches taillées dans le roc. Parmi eux, les rois Charles VII, Louis XI et Charles VIII sont venus se recueillir dans un édifice marqué, comme la cathédrale du Puy, par des inspirations mozarabes que l'on retrouve dans les magnifiques arcs polylobés et polychromes de la façade.

LE CLOÎTRE DE
LA CATHÉDRALE DU PUY-EN-VELAY

Haute-Loire

Si la tradition, ravivée au XXe siècle, veut que le premier pèlerin pour Saint-Jacques-de-Compostelle soit Godescalc, évêque du Puy, il semble qu'en 950 celui-ci ait fait le chemin autrement qu'à pied et pour des raisons plus politiques que spirituelles. Il n'en reste pas moins qu'à cette époque l'ancien sanctuaire marial du mont Anis devient le point de départ de la via Podiensis (« voie du Puy »), l'une des quatre routes vers Saint-Jacques. La particularité de cette cathédrale, élevée au rang de basilique (lieu de pèlerinage), est son style, mêlant art roman et art oriental. Les arcades de son cloître, construit au XIe siècle, alternent pierres blanches et terre noire volcanique, reprenant le style mozarabe rouge et blanc de la mosquée-cathédrale de Cordoue. À la fin du XIe siècle, Adhémar de Monteil est le chef spirituel de la croisade lancée par Urbain II depuis Le Puy, dont il est évêque. Le voyage en Orient imprègne l'édifice par des mosaïques aux influences byzantines. Agrandie sur le vide grâce à des piliers massifs, elle est toujours un haut lieu de pèlerinage.

LE CHÂTEAU D'AZAY-LE-RIDEAU,
MODÈLE DE LA RENAISSANCE FRANÇAISE

Indre-et-Loire

Au début du XVIe siècle, Gilles Berthelot, trésorier de France et conseiller de Louis XII, fait de la forteresse médiévale d'Azay un château Renaissance, caractérisé par la symétrie, les volées d'escalier et le travail délicat de la sculpture. Bâti sur une île de l'Indre, il semble flotter sur l'eau dans laquelle il se reflète. Mais les mauvaises pratiques financières de Berthelot l'obligent à fuir. François Ier saisit le château et l'offre à l'un de ses fidèles, Antoine Raffin. Remarquablement entretenu, il est au XIXe siècle aux mains de la famille de Biencourt, qui lui donne sa physionomie actuelle. En 1833, Honoré de Balzac, ami de la famille, invite la comtesse Hanska à séjourner dans *« l'une des plus belles choses architecturales que nous avons »*. Entre-temps, Azay a pris le qualificatif « le-Rideau », non pas en référence à l'eau qui le baigne mais au premier seigneur du lieu, chevalier de Philippe Auguste, le seigneur de Ridel.

LE CHÂTEAU DE CHENONCEAU,
CHÂTEAU DES DAMES

Indre-et-Loire

Le château fort, construit par le seigneur Marques, est racheté en 1513 par Thomas Bohier, secrétaire des Finances, et transformé par son épouse Catherine Briçonnet. Les malversations de Me Bohier contraignent leur fils à le céder à la couronne. Henri II l'offre à sa maîtresse. Diane de Poitiers fait construire un pont entre les deux rives du Cher, couvert de galeries par Catherine de Médicis, l'épouse d'Henri II, qui l'extorque à sa rivale en 1559. Elle fait construire les cuisines dans les piles du pont et organise des fêtes somptueuses, au cours desquelles se déploie son « escadron volant ». En 1589, après l'assassinat d'Henri III, la reine Louise vient s'y cloîtrer avec des sœurs capucines. Les combles aux décors religieux découverts en 2009 pourraient être un témoignage de ce petit couvent. Deux siècles plus tard, les vicissitudes du prince de Condé, héritier du château, le contraignent à le vendre au fermier général Claude Dupin, ancêtre de George Sand. Son épouse, Louise, l'aménage. Elle y reçoit les philosophes des Lumières, dont Rousseau, qui fait le récit de son séjour dans *Les Confessions*. L'émir Abd el-Kader, résistant à la colonisation française en Algérie, y est emprisonné en 1851 et 1852 avant de rejoindre le château d'Amboise. De main en main, le château de Chenonceau est depuis toujours placé sous la protection de femmes.

LE PALAIS DE JACQUES CŒUR,

« À VAILLANTS CŒURS RIEN D'IMPOSSIBLE »

Bourges – Cher

En 1443, lorsque débute la construction de son hôtel particulier, Jacques Cœur est depuis cinq ans l'argentier de Charles VII. Habile marchand, il a ouvert la première route commerciale vers le Levant, s'affranchissant de l'intermédiaire vénitien, pour enchanter par ses produits de luxe le roi et sa maîtresse, Agnès Sorel. Ils lui confient alors l'intendance de leurs biens. Jacques Cœur fait construire dans sa ville de naissance une demeure à la hauteur de son rang. Ses façades frappent le regard par la richesse de leur décor sculpté. Plus de 70 personnages entourés d'un bestiaire foisonnant et d'une flore délicate témoignent des voyages de l'argentier et encadrent ses célèbres devises. Mais, à peine son palais achevé, en 1451, il tombe en disgrâce. Arrêté, il s'enfuit auprès du pape, qui l'envoie en croisade. Il meurt en 1456 à Chios. En 1461, dans le *Grand Testament,* François Villon s'enjoint de ne pas envier la richesse de Jacques Cœur, car *« mieux vaut vivre pauvre et mal vêtu qu'avoir été seigneur et pourrir sous un riche tombeau ».*

L'ART POUR L'ART, LE CHÂTEAU DE CHAMBORD, UNE DEMEURE SANS RÉSIDENTS

Loir-et-Cher

De retour d'Italie en 1515, François Ier exprime à Chambord sa conception de la fonction royale. Chevaleresque d'abord, par la construction sur les ruines du château des comtes de Blois d'un donjon entouré de quatre tours. Mécène ensuite, avec les ailes latérales Renaissance, le grand escalier à double hélice et d'innovantes latrines inodores, dont le concepteur pourrait être Léonard de Vinci. Seul Louis XIV réside vraiment, à l'occasion de parties de chasse, dans cette œuvre d'art architecturale de 426 pièces. Molière y donne la première représentation du *Bourgeois gentilhomme*. Au XIXe siècle, le domaine est surnommé « principauté de Wagram », du nom de la bataille remportée par le maréchal Berthier, à qui le château est offert par Napoléon Ier. Le comte de Chambord, fils de Charles X, à qui il est rendu, y rédige le *Manifeste du drapeau blanc*, refusant l'adoption du drapeau tricolore. Victor Hugo y laisse son paraphe, gravé dans une pierre, aux côtés des « graffitis » du XVIIe siècle tracés par les domestiques, témoignant de la vie quotidienne à Chambord.

LA MAISON DE GEORGE SAND,

HAVRE DU ROMANTISME

Nobant-Vic – Indre

La famille Dupin a depuis des siècles ses racines en Berry. L'arrière-grand-père d'Aurore Dupin, nom de naissance de George Sand, était le propriétaire du château de Chenonceau, et son épouse, une femme de lettres. Aurore est élevée à Nohant, dans la propriété bourgeoise de sa grand-mère. Lorsqu'elle en hérite, elle fait de cette maison un lieu privilégié de repos et de travail. Elle s'y entoure de ses amis écrivains et artistes, comme Balzac, Flaubert, Delacroix, pour qui elle aménage des pièces et ateliers. Pour ses enfants et petits-enfants, elle fait des jardins un lieu de jeux, mais aussi un formidable potager. Elle y reçoit enfin, après sa séparation avec son époux, ses amants, tel Frédéric Chopin. C'est à l'un deux, Jules Sandeau, qu'elle emprunte son célèbre pseudonyme. Elle écrit avec lui un petit roman, qu'ils signent « J. Sand ». Lorsque Aurore écrit seule, elle conserve le nom de Sand, mais le précède d'un « G », pour se distinguer du « J » de Jules. Ce G devient George, sans « s » pour en conserver le caractère aussi bien féminin que masculin.

LA BASILIQUE DE FOURVIÈRE,
FLEURON DE LA « COLLINE MYSTIQUE »

Lyon – Rhône

Lugdunum, capitale des Gaules, est née sur la colline du dieu Lug. À l'époque romaine s'y installent un théâtre et le premier forum. Appelé « vieux forum » *(forum vetus)*, il donne le nom de « Fourvière » à la colline. Lieu d'installation des premières communautés chrétiennes et du martyr de sainte Blandine, c'est au début du Moyen Âge un important sanctuaire marial. En 1852, l'inauguration d'une chapelle dédiée à la Vierge donne naissance à la fête des Lumières. Le mauvais temps ayant empêché les feux d'artifice, les Lyonnais illuminent leurs fenêtres de bougies. En 1870, la ville de Lyon décide d'édifier une basilique pour remercier la Vierge d'avoir protégé la ville de l'invasion prussienne. Pierre Bossan crée un monument dont l'architecture néo-byzantine se rapproche de celle du Sacré-Cœur de Paris. Surplombant la ville de Lyon, elle incarne la « colline qui prie » du *Banquet* de Jules Michelet, par opposition la « colline qui travaille », la Croix-Rousse des soyeux.

LE CHÂTEAU DE LA PALICE

Lapalisse – Allier

Ancienne forteresse féodale, le château appartient encore aujourd'hui et depuis le XVe siècle à la famille de Chabannes. Jacques Ier de Chabannes le meuble et le tapisse de tentures d'Aubusson, dont une partie de la rare et remarquable tapisserie des Preux qui retrace la vie des neuf chevaliers représentatifs de l'idéal chevaleresque médiéval. Il fait également construire une chapelle de style gothique flamboyant. La partie Renaissance, caractérisée par des plafonds à caissons en bois dorés à la feuille uniques en Europe, est l'œuvre du célèbre maréchal Jacques II de Chabannes, seigneur de Lapalisse. Mort lors de la bataille de Pavie, qui oppose en 1525 François Ier à Charles Quint, ses soldats composent en ultime hommage à son courage et à son ardeur au combat un quatrain laudateur. Celui-ci est repris au XVIIe siècle par le poète Bernard de la Monnoye, dans une chanson burlesque qui enchaîne les évidences. M. de La Palisse ne doit donc pas sa postérité à ses faits d'armes ou à son amour de l'art, mais à des paroles qu'il n'a jamais prononcées.

LE VIADUC DE GARABIT,
GÉANT DE MÉTAL AU-DESSUS DU VIDE

Ruynes-en-Margeride – Cantal

À la fin du XIXe siècle, l'ère du chemin de fer bat son plein. Le plan Freycinet prévoit de relier toutes les sous-préfectures françaises. En 1880, le rail s'attaque aux dénivelés du Massif central. L'ingénieur Léon Boyer conçoit le plus grand ouvrage d'art métallique de son époque. Sa grande arche enjambe sur 564 mètres les gorges de la Truyère, qu'elle domine de plus de 120 mètres. C'est la compagnie Eiffel, fleuron de l'art métallurgique, qui en assure la construction, sept ans avant la célèbre tour. Le chantier dure quatre ans et emploie 400 ouvriers français et italiens. Ces derniers sont logés sur place dans un village éphémère. Au XXe siècle, le site grandiose inspire les cinéastes. Il est le « pont de Cassandra », détruit dans le film éponyme avec Ava Gardner, et c'est à ses pieds que débute le tournage dantesque et jamais terminé de *L'Enfer* de Clouzot. Depuis 1994, il a retrouvé sa couleur d'origine, le rouge « poinsettia » (fleur de Noël) dit « rouge Gauguin ».

LE MONASTÈRE ROYAL DE BROU,
DÉLICATESSE MINÉRALE ET FLAMBOYANCE GOTHIQUE

Bourg-en-Bresse – Ain

Marguerite d'Autriche, petite-fille de Charles le Téméraire, est promise, en 1483, à l'âge de 3 ans, à Charles, fils de Louis XI. À ce titre, elle est élevée en France jusqu'à sa répudiation huit ans plus tard. Épouse quelques mois de l'infant d'Espagne, puis veuve à nouveau de Philibert II, duc de Savoie, après trois ans de mariage, elle défie à partir de 1505 et jusqu'à sa mort son tragique destin marital dans l'édification d'un monastère à l'architecture gothique originale, inspirée du style bruxellois. Il accueille des moines augustins qui vont veiller sur les trois tombeaux majestueux de Philibert, de sa mère Marguerite de Bourbon et de Marguerite d'Autriche. Commanditaire d'une œuvre unique par ses trois cloîtres (le toit de tuiles vernissées de son église, dont le jubé, véritable dentelle de pierre, est l'un des rares encore conservés en France), Marguerite, nommée gouvernante des Pays-Bas par son neveu Charles Quint, ne verra pas de son vivant le lieu où elle repose.

LA PLACE DE JAUDE,
CŒUR DE L'HISTOIRE AUVERGNATE

Clermont-Ferrand – Puy-de-Dôme

Le nom de « Jaude » n'a pas d'étymologie certaine. Il pourrait dériver de l'adjectif « galate » qui qualifie Vasso, un dieu gallo-romain à qui était dédié un temple très attractif dont il ne reste aujourd'hui que le mur dit « des Sarrasins ». La place a été forum romain, puis rendue à la nature jusqu'en 1750, date à laquelle elle devient un important lieu de foire. Aménagée au XIXe siècle, une statue du général de l'armée du Rhin, Louis Desaix, originaire de la région, y est inaugurée en 1848. Le monument dédié au héros de Marengo connaît quelques vicissitudes puisque son fragile piédestal en bois reste « provisoire » pendant cinquante-cinq ans ! En 1903, il est rejoint par Vercingétorix. La statue de Bartholdi est un étrange assemblage d'anachronismes célébrant le vainqueur de Gergovie, érigé au rang de symbole républicain. En ce début du XXe siècle, la folie des grands magasins, à la mode parisienne, gagne la capitale auvergnate, et la place de Jaude devient le cœur de la vie commerçante et publique de Clermont-Ferrand.

LA CITÉ DE CARCASSONNE LES CHÂTEAUX CATHARES LES ARÈNES DE NÎMES L'ÉGLISE DE CONQUES LE VIADUC DE MILLAU LE PONT DU GARD L'ÉGLISE NOTRE-DAME-DES-ANGES DE COLLIOURE LA FORTERESSE DE SALSES AIGUES-MORTES LA BASILIQUE SAINT-SERNIN LE PALAIS DE LA BERBIE L'UNIVERSITÉ DE MÉDECINE DE MONTPELLIER ROCAMADOUR LE PONT SAINT-BÉNÉZET LE PALAIS DES PAPES L'ABBAYE DU THORONET LA VILLA KÉRYLOS LA CITADELLE DE BONIFACIO LE CHÂTEAU D'IF NOTRE-DAME-DE-LA-GARDE LA CITÉ RADIEUSE LE THÉÂTRE ANTIQUE D'ORANGE SÉGURET

SUD

LA CITÉ DE CARCASSONNE,
DÉCOR DU MOYEN ÂGE UTOPIQUE DE VIOLLET-LE-DUC

Aude

À l'étymologie gauloise signifiant « rocher du guerrier », Carcassonne préfère une légende qui témoigne des combats qu'a affrontés la forteresse. Celle-ci aurait été dirigée au VIIIe siècle par Dame Carcas, veuve d'un Sarrasin, lors d'un siège mené par Charlemagne. Celui-ci aurait abandonné les lieux en recevant, par-dessus la muraille, des cochons gras. Ce stratagème visant à décourager l'ennemi en lui faisant croire qu'elle dispose de quoi tenir un long siège permet à Dame Carcas de « sonner » la victoire. Ce n'est qu'un exemple d'une longue série de sièges, menés par les croisés contre la cité du seigneur de Trencavel, protecteur des Albigeois cathares, ou encore par le Prince Noir (prince de Galles). Renforcé par une deuxième muraille, l'ensemble défensif de Carcassonne est hors du commun. Il inspire à l'architecte Viollet-le-Duc une restauration imprégnée d'imaginaire médiéval, trahissant parfois la réalité historique. Il choisit ainsi les ardoises, dont l'éclat fait la célébrité de la cité, alors que des restes de tuiles colorées avaient été retrouvés dans les combles de l'une des tours.

LES CHÂTEAUX CATHARES,
LES FORTERESSES DES CIMES

Aude/Ariège

La forteresse de Carcassonne a cinq fils qui veillent, comme elle, sur la frontière avec l'Aragon : Aguilar, Peyrepertuse (dont les murailles sont aussi vastes que celles de Carcassonne), Quéribus, Termes et Puylaurens. Ils font partie d'un ensemble de châteaux médiévaux défensifs dits « cathares », après la sanglante croisade contre les Albigeois qui y a eu lieu dans la seconde moitié du XIIIe siècle. Perchés sur les collines audoises et ariégeoises, certains ont été restaurés, comme celui d'Arques, d'autres offrent au regard la solennité de leurs vestiges, rappelant la tragédie cathare. Ainsi, Quéribus et Puivert, assiégés par Simon de Montfort en 1255 ; Montségur, qui se rend en 1244 après dix mois de siège et où sont brûlés vifs près de 200 cathares qui refusent de renier leur foi ; Villerouge-Termenès, où Guilhem Bélibaste, assassin devenu le dernier représentant des « parfaits », est condamné au bûcher. Comme les templiers un siècle plus tard, la légende veut que les cathares (qui avaient pourtant la pauvreté pour principe) aient enfoui dans ces forteresses leur trésor.

LES ARÈNES DE NÎMES

DES GLADIATEURS AUX TAUREAUX,

Gard

Au début de notre ère, l'oppidum de Nemausus, protégé par le dieu éponyme, protecteur des eaux et des sources, est la capitale des Volques Arécomiques. Fidèle soutien de Jules César lors de sa conquête de la Gaule, elle obtient d'Auguste le titre de colonie. En remerciement de cet honneur, la Colonia Augusta Nemausus frappe une monnaie portant un crocodile et un palmier, symboles de l'alliance de l'Égypte et d'Auguste lors de sa victoire sur son rival Antoine à la bataille d'Actium. La ville s'est ainsi dotée d'un emblème et poursuit un programme de romanisation de ses édifices, en l'honneur d'Auguste. L'amphithéâtre, l'un des mieux conservés d'Europe, accueille les combats de gladiateurs. Mais, lorsqu'en 391 Théodose interdit les jeux païens dans un empire devenu chrétien, l'amphithéâtre perd sa fonction. Face aux invasions barbares, il se transforme en village fortifié, dans lequel est bâti un château. Intégré peu à peu à la ville, le «quartier» compte, au XVIIIe siècle, 700 habitants et deux églises. Restauré et rendu à sa vocation première, il accueille sa première corrida en 1853.

LES TRÉSORS D'ORFÈVRERIE DE
L'ÉGLISE DE CONQUES

Aveyron

C'est à un larcin que l'église de Conques doit sa renommée. À la fin du IXe siècle, Aronisde, moine du monastère bénédictin de Conques, dérobe dans une église d'Agen les reliques de sainte Foy. Cette jeune patricienne d'Agen est victime en 303 des persécutions contre les chrétiens qui suivent l'édit de Dioclétien. Elle est condamnée, à l'âge de 13 ans, brûlée vive et décapitée. Sa dépouille est source de miracles et attire les pèlerins. Envieux des avantages que procure la possession d'une telle relique, Aronisde l'emporte à Conques. Les prodiges ne se font pas attendre. Pour accueillir la sainte et la foule des visiteurs, le monastère s'agrandit, et une basilique est édifiée. L'art roman, magnifié par la richesse iconographique de son portail, va inspirer les bâtisseurs de Saint-Sernin à Toulouse et de Saint-Jacques-de-Compostelle. Le crâne de la sainte est protégé par un reliquaire somptueux, statuette couronnée de 85 cm, en bois et or, couverte de pierres précieuses, d'émaux et de camées. Il fait partie d'un trésor unique en Europe.

LE VIADUC DE MILLAU,
UN VOILIER AU-DESSUS DU TARN

Aveyron

Depuis 2004, un chef-d'œuvre d'architecture contemporaine jette ses lignes épurées dans le paysage grandiose des Grands Causses. Le viaduc de Millau est un vertigineux ouvrage d'art, réalisé en trois ans. Plus d'un siècle après le viaduc de Garabit, c'est le groupe Eiffage, descendant de la société Eiffel, qui réalise le projet de l'ingénieur Michel Virlogeux et de l'architecte Sir Norman Foster. Sur sept piliers de béton, dont le plus haut culmine à 244 mètres au-dessus de la vallée du Tarn, un tablier de 2 500 mètres est lancé, tronçon par tronçon, en moins de quarante-huit heures. La silhouette gracile de cette jetée de 36 000 tonnes est soutenue par l'élégance de 154 haubans. Les torons métalliques tressés, dont le nom est hérité du vocabulaire marin viking, remplacent les cordes qui retiennent le mât des voiliers. Ils assurent la rigidité du plus haut pont à haubans du monde.

LE PONT DU GARD,
PLUS HAUT AQUEDUC CONSERVÉ AU MONDE

Gard

La première mention du Pons de Gartio, l'aqueduc qui franchit la vallée du Gardon, remonte à 1295, dans un acte par lequel Philippe le Bel cède au seigneur d'Uzès les droits de péage sur le pont. Si, selon Rabelais, ses exceptionnelles trois rangées d'arches, culminant à 49 mètres de hauteur, sont l'ouvrage de Pantagruel, sa construction remonte en vérité au Ier siècle, au moment de la romanisation du sud de la Gaule. Le pont-aqueduc alimente Nîmes en eau pendant cinq siècles, permettant à la colonie augustéenne de disposer de thermes, de fontaines, et à ses habitants de profiter de l'eau courante à domicile. Son usage d'aqueduc est abandonné au VIe siècle, mais il reste fréquenté durant le Moyen Âge par les piétons et les chariots qui rejoignent Nîmes. Son premier admirateur est, en 1565, Charles de l'Écluse, médecin et botaniste. De nombreux artistes vont lui emboîter le pas, comme Stendhal ou le peintre Hubert Robert, qui l'immortalise dans de nombreuses toiles.

L'ÉGLISE NOTRE-DAME-DES-ANGES DE COLLIOURE

Pyrénées-Orientales

Collioure est un très ancien lieu d'ermitage, païen puis chrétien. Au XVIIe siècle, une chapelle, Notre-Dame-des-Consolations, accueille ces ermites à qui la population venait demander conseil. Sur les hauteurs, dans l'ancien village, se tient également une petite église médiévale. Dans les années 1680, Vauban, après avoir pris la ville à Charles Quint, qui y avait fait construire le fort Saint-Elme, prévoit de remanier celui-ci et d'agrandir le château. Pour cela, il ordonne la destruction d'une partie de l'ancienne ville médiévale abandonnée et de son église. Les Colliourencs transfèrent leur lieu de culte au bord de la mer, près du phare. Ce dernier devient le clocher de l'église lorsque le port est abandonné par Vauban. Cette église, baignée par la Méditerranée, est immortalisée au début du XXe siècle par les peintres André Derain et Henri Matisse. Ils trouvent à Collioure la lumière, la « couleur pour la couleur », qui va leur valoir le nom de « fauves ».

LA FORTERESSE DE SALSES,
NAISSANCE DE L'ARCHITECTURE MILITAIRE MODERNE

Salses-le-Château – Pyrénées-Orientales

La frontière entre le royaume de France et celui d'Aragon est ponctuée de forteresses. Celle de Salses est cette fois à mettre sur le compte des Espagnols. Commandée par Ferdinand II le Catholique, époux d'Isabelle et financier des voyages de Christophe Colomb, elle est réalisée par l'architecte Francisco Ramiro Lopez. C'est le premier ouvrage militaire montrant la transition entre le Moyen Âge et ses fortifications élevées et l'époque moderne, qui s'adapte, par des murailles basses et en partie enterrées, aux nouvelles armes de guerre. Les murs d'enceinte de Salses, d'une épaisseur de 10 mètres, peuvent ainsi résister aux boulets de canon métalliques. Après trois sièges aux XVe et XVIe siècles, ce chef-d'œuvre d'architecture militaire tombe aux mains des Français en 1642. En 1656, la paix des Pyrénées et le mariage de Louis XIV avec l'infante espagnole mettent un terme aux guerres entre les deux pays, et la forteresse n'a plus d'utilité. Elle doit sa sauvegarde à Vauban, génie de la construction militaire.

AIGUES-MORTES,
LE PORT SORTI DES EAUX

Gard

Au XIIIe siècle, Louis IX ne dispose pas de port sur la Méditerranée, dont les côtes sont entre les mains de Charles d'Anjou, roi de Sicile, et de Jacques Ier d'Aragon. Aussi le souverain français décide-t-il de créer en Camargue une nouvelle cité d'où il pourra partir en croisade à sa guise. Au milieu des eaux « mortes » des marais et des étangs, dont la ville tire son nom, il fait d'abord construire un château doté d'une tour, qui prend le nom de tour de « Constance » (grand-tante de Saint Louis) au XVe siècle. Entre 1266 et 1296, un rempart enceint la ville. Saint Louis ne le voit pas achevé : il meurt à Tunis en 1270, lors de la deuxième croisade partie d'Aigues-Mortes. Le port s'ensable déjà, mais le commerce avec l'Orient y demeure très actif, ainsi que la culture du sel. Entre 1574 et 1622, il devient place de sûreté protestante. Mais la forteresse, de retour dans le giron royal, est transformée en prison pour les réformés. C'est de la tour de Constance que le dernier chef camisard, Abraham Mazel, s'évade en 1705, avec seize compagnons, après avoir descellé les pierres d'une meurtrière.

LA BASILIQUE SAINT-SERNIN,
LE CŒUR DE LA « VILLE ROSE »

Toulouse – Haute-Garonne

Les Toulousains s'identifient à leur basilique de brique rouge-orangé qui abrite le somptueux baldaquin du tombeau de leur saint tutélaire. Le martyr de Sernin, abréviation occitane de « Saturnin », évêque de Toulouse, est l'un des rares à être attesté. En 250, alors qu'il refuse de participer au sacrifice d'un taureau en l'honneur des dieux romains, la foule l'attache sur l'animal. Écrasé sur les marches du temple, traîné par la bête furieuse, c'est sur le lieu de son inhumation qu'est édifiée au IVe siècle une petite basilique en bois. Au XIe siècle, elle devient *« cette superbe église de sang, sacrée par la première croisade et les massacres de l'Asie, rougie du sang albigeois et des massacres de l'Europe »* de Jules Michelet. L'auteur latin Strabon raconte que la basilique aurait été construite sur pilotis, au-dessus d'un lac dans lequel aurait été jeté un trésor volé à Delphes, et maudite par Apollon. Volé à nouveau par le romain Cépion, celui-ci connaît un destin funeste. C'est à cette légende que l'on doit l'expression « l'or de Toulouse », illustrant l'acharnement du sort.

LE PALAIS DE LA BERBIE

Albi – Tarn

Placé sous le patronage de sainte Cécile, protectrice des musiciens, le diocèse d'Albi a connu des évêques de grande envergure. Soupçonnée de catharisme, la famille Trencavel, rivale des grands comtes de Toulouse, qui dirigeait l'Albigeois, perd ses terres. Confisqué par le roi de France, le seul pouvoir local est celui des évêques, dont la puissance est incontestée. À partir de 1250, ils font édifier à Albi un palais digne de leur rang. La Berbie, de l'occitan *bisbia* signifiant « évêché », abrite derrière ses pierres rouges la résidence épiscopale et le tribunal de l'Inquisition, instituée en 1229 par le pape Grégoire IX pour lutter contre les hérésies cathare et vaudoise. Il est transformé en forteresse à la fin du XIIIe siècle lorsque la toute-puissance de l'évêque Bernard de Combret le contraint à se protéger des foudres du roi et des Albigeois. Au fil des siècles, le palais adopte les styles de son temps, avec une aile Renaissance puis des jardins classiques à la française. Le palais de la Berbie, qui n'a pas encore dévoilé tous ses mystères, est un formidable voyage dans l'histoire architecturale.

L'UNIVERSITÉ DE MÉDECINE DE MONTPELLIER,

UNE ÉCOLE MÉDIÉVALE ENCORE EN ACTIVITÉ

Hérault

Le bourg de Montpellier apparaît au Xe siècle et se développe rapidement grâce au passage des savants voyageurs juifs, musulmans et chrétiens. La liberté d'exercer et d'enseigner la médecine, accordée en 1180 par le seigneur de Montpellier, est renforcée en 1289 par la création, par le pape Nicolas IV, de l'université de médecine. Celle-ci n'a pas de locaux : les cours se font au chevet des malades, où qu'ils se trouvent, les examens ont lieu dans les églises, et des pensions (« collèges ») accueillent les étudiants. Parmi eux, un certain François Rabelais, qui, en 1530, à l'âge de 36 ans, commence une carrière de médecin. L'université se singularise de ses contemporaines par l'enseignement de l'anatomie ou de la pharmacopée médicinale. Dissoute par la Révolution, la nécessité de former des médecins pousse la jeune République à établir, en 1794, une nouvelle école de médecine. Depuis, celle-ci est installée dans l'ancien palais épiscopal, choisi par Antoine Chaptal, qui le jugeait le plus beau et le plus ancien monument d'instruction de France.

ROCAMADOUR,
LA VERTIGINEUSE CITÉ SACRÉE

Lot

En 1166, sur un roc dominant la vallée de l'Alzou, ou « vallée des Ténèbres », est découvert un corps remarquablement conservé. S'il s'agit sans doute d'un ermite retiré dans ce site grandiose, dédié à la Vierge depuis la moitié du premier millénaire, l'effervescence spirituelle du début du Moyen Âge y voit saint Amadour, serviteur de Marie et de Jésus. Le roc porte désormais son nom. En 1172, un moine consigne dans un Livre des miracles 126 interventions mariales auprès des malades et des navigateurs en détresse. Une basilique à sept chapelles est consacrée pour accueillir les pèlerins de plus en plus nombreux, rois de France et d'Angleterre ou anonymes, au terme de l'ascension toute spirituelle des 126 marches qui les séparent du sanctuaire. Au XVe siècle, pour raviver un culte sur le déclin, une nouvelle légende auréole saint Amadour : il ne serait autre que le romain Zachée, collecteur des impôts devenu disciple de Jésus. Mais les miracles de la cité sacrée ne sont pas le seul fait de la Vierge. Au Xe siècle, saint Michel aurait porté Durandal, épée de Roland, depuis Roncevaux jusque dans la pierre de Rocamadour.

LE PONT SAINT-BÉNÉZET,
UN COLOSSE AUX PIEDS DE GALETS

Avignon – Vaucluse

De tous les ponts franchissant le Rhône, l'un des plus célèbres est celui qui ne traverse plus de fleuve. Il porte le nom de saint Bénézet, berger ardéchois qui aurait reçu, en 1177, l'ordre divin de construire un pont à Avignon. Il faut attendre le début du XIIIe siècle pour que sa construction, qui va durer plusieurs siècles, débute. Il ne fut sans doute d'ailleurs jamais intégralement terminé. Ses 22 arches, d'une longueur de près d'un kilomètre, suivaient un parcours sinueux entre la cité, l'île de la Barthelasse et la rive droite du fleuve. Rare lieu de traversée terrestre du Rhône au Moyen Âge, c'est un péage fructueux. Il permettait également aux pontifes et cardinaux de la *«plus infecte et plus puante ville de la terre»*, selon les mots de Pétrarque, de prendre l'air à Villeneuve. Mais, au XVIIe siècle, les crues du Rhône ont raison de ses arches bâties sur des lits de galets. Si, dans un premier temps, on tente de les reconstruire, la tâche est vite abandonnée, et le pont reste en l'état. Lieu de promenade, on n'y a jamais dansé contrairement à ce que prétend l'air d'opérette de 1876.

LE PALAIS DES PAPES,
LE PLUS GRAND PALAIS GOTHIQUE DU MOYEN ÂGE

Avignon – Vaucluse

En 1316, le pape Jean XXII, ancien évêque d'Avignon, fuit le soulèvement de Rome et se réfugie dans sa cité. Sept papes vont y gouverner la chrétienté, jusqu'au grand schisme d'Occident. Après le retour de Grégoire XI à Rome, en 1377, deux papes vont encore régner à Avignon, en conflit avec ceux de Rome. Pendant un siècle, l'ancien palais épiscopal se transforme en résidence pontificale. Les salles aux dimensions majestueuses et aux décors délicats relient d'imposantes tours défensives. C'est dans la tour des latrines, jouxtée par une glacière dont elle prend le nom, que sont massacrés par Jourdan Coupe-Tête, en 1791, lors du rattachement des terres pontificales avignonnaises et comtadines à la France, les révolutionnaires avignonnais. Le palais devient prison. Débarrassé au début du XXe siècle de ses fantômes et légendes, comme celle qui a fait de la cuisine de Clément VI une terrible salle de torture inquisitrice, il redevient un joyau de l'art gothique, dont la Cour d'honneur séduit Jean Vilar lors d'une visite en 1947. Il y installe les planches du célèbre festival.

L'ABBAYE DU THORONET,
UN TRÉSOR CISTERCIEN

Var

Le Corbusier, défenseur du béton brut, fut l'un des admirateurs de la pureté architecturale de l'abbaye du Thoronet. Celle-ci est la première des trois sœurs cisterciennes de Provence, avec Sénanque et Silvacane. Construite à partir de 1136 par des moines ardéchois sur un ancien site cultuel dédié à Thor (d'où vient le nom « Thoronet »), elle est située sur des terres agricoles dont elle tire une partie de ses ressources (fabrication de vin, d'huile d'olive). Elle étend ses possessions jusqu'à l'étang de Berre, profitant ainsi de nombreux pacages pour ses troupeaux, de salines et de pêcheries, qui lui permettent une existence quasi autarcique. Mais, à la fin du XIVe siècle, la délinquance qui touche les moines, dont certains s'associent à des bandes de brigands, et les épidémies de peste signent le déclin de l'abbaye. Protégée de la destruction par Prosper Mérimée aux lendemains de la Révolution, ce joyau de l'architecture abbatiale, remarquablement restauré, est aujourd'hui niché dans espace forestier qui magnifie son isolement.

LA VILLA KÉRYLOS,
LE RÊVE GREC DE THÉODORE REINACH

Beaulieu-sur-Mer – Alpes-Maritimes

La petite baie des Fourmis de Beaulieu-sur-Mer semble devoir son nom à d'anciens amas de posidonies (algues des côtes méditerranéennes), aux allures de fourmilières géantes. C'est dans cette baie, prisée des têtes couronnées de la fin du XIXe siècle, que Théodore Reinach, exceptionnel humaniste, confie à l'architecte Emmanuel Pontremoli la construction d'une résidence de vacances extraordinaire. Tous deux passionnés d'archéologie grecque, ils la conçoivent, entre 1905 et 1908, sur le modèle des demeures de l'île de Délos, dont les vestiges témoignent de la puissance commerciale au IIe siècle avant J.-C. Les pièces aux noms helléniques, ordonnées autour d'un péristyle orné de fresques mythologiques, allient confort moderne, matériaux de luxe et décors antiques. La recherche de l'authenticité se retrouve jusque dans le mobilier et la vaisselle. À sa mort en 1928, Reinach lègue à l'Institut de France la maison de l'alcyon (traduction du mot grec *kerylos*, qui désigne une hirondelle de mer porteuse d'heureux présages).

L'IMPRENABLE
CITADELLE DE BONIFACIO

Corse-du-Sud

La citadelle de Bonifacio porte le nom de son fondateur, Boniface II, marquis de Toscane. Celui-ci aurait été missionné par le pape, au IXe siècle, pour ériger une forteresse destinée à protéger l'île et le détroit entre Corse et Sardaigne des incursions sarrasines. La citadelle, perchée sur les falaises vertigineuses qui surplombent les eaux du détroit, résiste aux assauts. Partagée entre Pisans et Génois, qui créent la ville hors de l'enceinte de la citadelle, elle est une proie d'Alphonse V, roi d'Aragon, fondateur du royaume des Deux-Siciles. Mais, en 1420, il échoue devant ses murailles, malgré l'escalier de 187 marches que ses soldats auraient construit et qui porte son nom. S'il semble plus probable que cet escalier soit l'œuvre des moines franciscains afin d'accéder à une source, il n'est pas la seule légende de la citadelle. L'helléniste Victor Bérard, dans son essai de géographie réelle de l'*Odyssée*, situe le port des Lestrygons, géants anthropophages, à Bonifacio.

LE CHÂTEAU D'IF,
FORTERESSE ROMANESQUE

Marseille – Bouches-du-Rhône

Le premier hôte connu de l'île d'If, au large de Marseille, est un rhinocéros de passage, offert en 1519 par le roi du Portugal au pape Léon X. Le pauvre animal périt noyé en baie de Gênes et arrive empaillé à son destinataire. Alors qu'il est en guerre contre Charles Quint en Italie, François Ier y fait édifier un port et une forteresse si imprenable qu'aucun ennemi ne s'y hasarde. Transformée en prison, elle offre un séjour effroyable aux protestants lors des guerres de religion ou aux révolutionnaires de 1848. La survie dans les cellules du rez-de-chaussée n'excède pas neuf mois. En 1800 le général Kléber, proconsul d'Égypte assassiné au Caire et haï de Napoléon Ier, est inhumé discrètement à If, où il est «oublié». C'est l'admiration paternelle pour Kléber qui pousse Alexandre Dumas à visiter en 1834 le château d'If, qu'il immortalise dans *Le Comte de Monte-Cristo*. Les derniers prisonniers sont libérés en 1914, et le monument est classé en 1926.

NOTRE-DAME-DE-LA-GARDE,
LA « BONNE MÈRE », SENTINELLE DES MARINS

Marseille – Bouches-du-Rhône

En 1214, une chapelle est édifiée sur la sauvage colline de la Garde, qui domine Marseille. En 1515, François Ier, de retour de Marignan, trouve la cité bien mal protégée et ordonne la construction de deux forts, l'un sur l'île d'If, le second sur la Garde, qui enclave la chapelle. Fait unique en son genre, elle reste néanmoins accessible aux fidèles. En 1644, Mlle de Scudéry, célèbre femme de lettres, accompagne son frère, gouverneur du fort de la Garde. Elle témoigne des premiers dépôts d'ex-voto marins dans la chapelle. Le petit édifice accueille en 1845 Marie-Joséphine, une cloche de plus de huit tonnes (celle de Notre-Dame de Paris en pèse douze). Ce n'est qu'en 1852, après autorisation du ministère de la Guerre, qu'une église à la mesure de ce bourdon est construite. De style romano-byzantin (caractérisée par ses voûtes romanes à la délicate polychromie verte, rouge et blanche, et ses lumineuses mosaïques d'or), elle est conçue par Henri Espérandieu, architecte protestant ! La statue de la « Bonne Mère » domine quant à elle la Cité phocéenne depuis 1870.

LA CITÉ RADIEUSE,
LE TRIOMPHE DE LE CORBUSIER

Marseille – Bouches-du-Rhône

Après la Seconde Guerre mondiale, un important programme de reconstruction est lancé en France et confié à des architectes de renom. Le Havre est confié à Auguste Perret, et Marseille, à Le Corbusier. Il y réalise, entre 1947 et 1952, la première de ses quatre « unités d'habitations ». Manifeste des conceptions architecturales utopistes de Le Corbusier, c'est un véritable village vertical, intégrant dans l'immeuble commerces, école et, sur son toit-terrasse-gymnase (aujourd'hui transformé en centre d'art), pataugeoire et solarium. Cette cité, que Le Corbusier voulait radieuse par la joie qu'elle devait procurer à ses quelque 1 600 habitants, ne fait pas, au moment de sa construction, l'unanimité. L'immeuble aux proportions nouvelles est surnommé la « maison du fada ». Non seulement parce que son concepteur semblait être quelque peu envoûté (le mot « fada » vient du verbe *fata*, également à l'origine des « fadaises », signifiant « ensorceler »), mais il était aussi suspecté de rendre fous ses habitants. Plus d'un demi-siècle plus tard, l'expérience montre heureusement qu'il n'en est rien.

LE THÉÂTRE ANTIQUE D'ORANGE,

« LA PLUS BELLE MURAILLE DU ROYAUME »

Vaucluse

C'est en ces termes que Louis XIV dépeignait le mur de scène du théâtre antique d'Orange, qu'il épargne de la destruction des biens de Guillaume d'Orange. L'édifice, bâti par les vétérans de la IIe légion de Jules César qui s'étaient installés dans la colonie d'Arausio au début de notre ère, cesse son activité au IVe siècle. Incendié au Ve siècle (les pierres en portent encore la trace), il devient quartier d'habitation, où les Orangeois trouvent refuge pendant les guerres de religion. Au XIXe siècle, sous l'impulsion de Prosper Mérimée et de l'architecte Prosper Renaux, les maisons sont démolies, et le théâtre, peu à peu réhabilité. Il est le théâtre antique le mieux conservé d'Europe et possède l'unique mur de scène parfaitement conservé de la partie occidentale de l'ancien Empire romain. À son sommet apparaissent encore les 43 corbeaux dans lesquels s'encastraient les mâts supportant le velum, toile gigantesque protégeant la scène et les 9 000 spectateurs que pouvait accueillir le théâtre, qui a aujourd'hui retrouvé sa fonction.

SÉGURET,
VILLAGE MÉDIÉVAL

Vaucluse

Séguret, du provençal *segur* signifiant « sûr », accroche ses maisons à la colline où culminait un château depuis le Xe siècle. Il accueille de nombreux édifices religieux, dont le plus ancien est le monastère de Prébayon. Fondé au début du VIIe siècle, c'est la première communauté féminine du Vaucluse. Elle suit la règle de saint Césaire et connaît un rayonnement assez important. Détruit lors des raids sarrasins du VIIIe siècle, reconstruit par l'évêque de Vaison, la terrible inondation de 1228, qui cause la mort de plusieurs moniales, met un terme à la vie du monastère. Il est définitivement abandonné, et ses ruines, envahies par la végétation, donnent au lieu un charme particulier. Dans le village, la chapelle Notre-Dame-des-Grâces, au décor peint du XVIIe siècle, rivalise avec l'église romane dédiée à saint Denis ; la chapelle Sainte-Thècle, qui accueillait les pénitents blancs ; le beffroi, dont l'horloge fonctionne avec une unique aiguille ; et la fontaine aux mascarons, classée aux monuments historiques, dont les visages grimaçants protègent le village des mauvais esprits.

LE CADRE NOIR DE SAUMUR L'HÔTEL SAINT-SIMON LES TOURS DE LA ROCHELLE LA VILLE CLOSE DE CONCARNEAU LE FORT LA LATTE L'ENCLOS PAROISSIAL DE GUIMILIAU LA GARE DES BÉNÉDICTINS DE LIMOGES LA BASILIQUE SAINT-NICOLAS LA TOUR LU LE PHARE DE CORDOUAN LE MONUMENT AUX GIRONDINS LES TOURS DU CHÂTEAU D'ANGERS COLLONGES-LA-ROUGE LE CHÂTEAU DE BEYNAC

OUEST

LE CADRE NOIR DE SAUMUR

Maine-et-Loire

À partir du XVIe siècle, la mode est aux parades et ballets équestres. Henri IV, lorsqu'il fonde une université protestante à Saumur, la dote d'une académie de cavalerie. Mais, si les cavaliers français excellent dans l'art de la parade, ils sont assez piteux sur les champs de bataille. Aussi Louis XV réorganise-t-il l'enseignement de la cavalerie militaire. Choiseul crée cinq écoles, dont une à Angers dirigée par le régiment de carabiniers. L'évêque d'Angers, craignant leurs débordements, les fait transférer à Saumur. Considérés comme les meilleurs instructeurs, l'École de Saumur est en 1771 l'unique établissement équestre militaire. Dissoute en 1788, elle reprend ses activités en 1814. Les deux manèges, d'académie et militaire, enseignent l'équitation de basse école (travaillant les allures naturelles) et celle de haute école (travaillant les allures stylisées). Le Cadre noir doit son nom, qui n'est officiel que depuis 1986, à l'uniforme noir des instructeurs de l'académie, complété par le « lampion », bicorne de feutre.

L'HÔTEL SAINT-SIMON

Angoulême – Charente

Entre 1530 et 1550, l'hôtel particulier sis rue Cloche-Verte est construit par la famille du Souchet. En 1588, un représentant de la famille est chargé par son beau-frère, maire d'Angoulême, de rencontrer Henri III afin de statuer sur le sort du duc d'Épernon. Ce mignon royal écarté de la cour est réfugié à Angoulême et, lors de sa tentative d'arrestation, le maire d'Angoulême est tué. L'élégance de la maison, au style caractéristique de la première Renaissance française, rivalise avec le château forteresse construit au Xe siècle par Isabelle Taillefer, épouse du souverain anglais Jean sans Terre. Au XVIIIe siècle, une descendante des Souchet épouse le seigneur Claude de Saint-Simon Montbléru. La postérité n'a conservé que le nom de Saint-Simon, laissant supposer un lien entre le célèbre mémorialiste de la cour de Louis XIV et la demeure angoumoise. Il n'en est rien : Claude de Saint-Simon Montbléru est un cousin que Saint-Simon ne visitat jamais.

LES TOURS DE LA ROCHELLE

Charente-Maritime

Les trois tours de La Rochelle sont les derniers vestiges des fortifications construites à partir de 1372. La légende attribue leur érection à la fée Mélusine, femme serpent qui bâtissait la nuit des bâtiments majestueux. Les constructeurs de la tour Saint-Nicolas n'ont cependant pas eu le pouvoir d'empêcher son affaissement. Construite sur des pieux plantés dans les vases de la baie, son poids a entraîné, lors de son érection, la rupture de ces fondations de bois. La tour a toujours conservé son inclinaison. La tour de la Chaîne, résidence du capitaine du port chargé de prélever les taxes, abritait le mécanisme de la chaîne, qui permettait de fermer l'accès à La Rochelle. Le phare de la tour de la Lanterne guidait les navires. Si la sécurité des fortifications rochelaises a permis son développement économique (elle est au XVIIe siècle un important port d'immigration et de commerce atlantique), cette place de sûreté protestante doit subir les assauts tour à tour britannique et français, qui auront raison de ses murailles.

LA VILLE CLOSE DE CONCARNEAU,
ÎLE FORTIFIÉE

Finistère

L'îlot de Concarneau (de «konk», la «coquille», et «kenev», la «Cornouaille») aurait été délivré de l'occupation picte par le vaillant celte Concar. Au IVe siècle, un prieuré s'y installe, suivi par les pêcheurs. Une première enceinte est construite à la fin du XIIIe siècle. Prise par les Anglais en 1342, c'est le chevalier Du Guesclin qui la rend au duché de Bretagne. La muraille est renforcée, et la ville close devient la quatrième place forte du duché de la grande Anne de Bretagne. Vers 1680, Vauban décapite les tours pour y placer son artillerie. Après la Révolution, les pêcheurs délaissent les murailles pour construire une ville nouvelle, où se développent les conserveries de sardine et de thon. La ville close devient un lieu historique, inspirant les peintres, dont on a baptisé le mouvement, actif entre 1870 et 1950, de «groupe de Concarneau», et les écrivains, comme Georges Simenon, qui y fait venir son célèbre Maigret pour les enquêtes du *Chien jaune* et des *Demoiselles de Concarneau*.

LE FORT LA LATTE,

LE CHÂTEAU FORT, JOYAU DE LA CÔTE VERMEILLE

Plévenon – Côtes-d'Armor

Si le fort porte aujourd'hui le toponyme de l'éperon rocheux sur lequel il est construit, Fort-la-Latte, il était autrefois la Roche-Goyon, du nom d'une des plus anciennes familles bretonnes. Construit en 1364, ses fortifications résistent aux assauts français et anglais de la guerre de Cent Ans. Mais il est ravagé en 1597 par les troupes de la Ligue pour avoir soutenu Henri IV. À partir de 1690, il est transformé en fort de défense pour protéger Saint-Malo, et ce n'est qu'en 1890 qu'il est déclassé par le ministère de la Guerre. En 1715, son propriétaire, Jacques Goyon de Matignon, se marie avec Louise Grimaldi, princesse de Monaco. Héritier du célèbre hôtel Matignon, pair de France, il renonce à ses titres et à ses armes au profit de celles des Grimaldi. À la mort de son épouse en 1731, il règne deux ans sur la principauté monégasque sous le nom de Jacques Ier, avant de laisser le trône à son fils. Racheté et restauré par des propriétaires privés, le fort La Latte a retrouvé sa splendeur médiévale.

L'ENCLOS PAROISSIAL DE GUIMILIAU,
JOYAU DE L'ART RELIGIEUX BRETON

Finistère

L'enclos paroissial est une spécificité bretonne des XVIe et XVIIe siècles. La période de la Contre-Réforme, réaffirmation du catholicisme, profite de la prospérité de la région, née du commerce du lin et du chanvre. La construction navale, avec ses besoins en voiles et cordages, et l'habillement font en effet la richesse de la Bretagne. Les communes l'expriment dans la construction d'enclos, ensemble architectural religieux complet regroupant arc de triomphe, église, clocher, cimetière, ossuaire et calvaire (monuments surmontés de croix, du nom du lieu où a été crucifié le Christ). Les villages se livrent une joute ostentatoire qui fait la richesse actuelle du patrimoine breton. L'enclos de Guimiliau, protégé par saint Miliau, descendant des rois de Bretagne, décapité par son frère, est remarquable par son calvaire représentant 200 personnages bibliques et son clocher de style Beaumanoir. Né sous le burin du tailleur de pierre Philippe Beaumanoir au XVe siècle, il se caractérise entre autres par des clochers-murs, moins coûteux que les tours, et la profusion de gargouilles.

LA GARE DES BÉNÉDICTINS DE LIMOGES,
LE COLOSSE À MILLE PATTES

Haute-Vienne

Lors de son édification, en 1929, la gare de Limoges est largement décriée. Qualifiée de « colosse à mille pattes », de « pachyderme » ou encore de « gare la plus laide de France », elle offre aujourd'hui un décor éclectique mêlant Art nouveau et Art déco. La première gare de voyageurs est construite en 1856, sur le siège d'une ancienne abbaye bénédictine, dont la gare a conservé le nom. Mais l'augmentation du trafic des voyageurs empruntant les chemins de fer de la Compagnie du Paris-Orléans nécessite la création d'un nouvel édifice. Celui-ci fait l'objet de nombreux projets avortés, et celui qui aboutit à l'inauguration de 1929 dure quatre ans. Il faut niveler le Champ de Juillet, esplanade née des travaux de la première gare où se déroulaient les exercices militaires, et édifier les vastes locaux de la nouvelle gare. Son campanile domine une halle de plus de 4 000 mètres carrés à la verrière ornée de décors de châtaigniers, magnifiés par les couleurs sépia de la publicité pour un grand parfum réalisée par le cinéaste Jean-Pierre Jeunet.

LA BASILIQUE SAINT-NICOLAS,

PREMIÈRE CATHÉDRALE NÉO-GOTHIQUE FRANÇAISE

Nantes – Loire-Atlantique

Avec l'extension de la ville de Nantes au XIXe siècle, l'église Saint-Nicolas (évêque de Myre au IVe siècle, de la dépouille duquel suinterait de l'huile parfumée miraculeuse) devient trop exiguë. Félix Fournier, curé puis évêque de Nantes, lance au début des années 1840 la construction d'une nouvelle basilique. L'architecte qui en est en charge, Jean-Baptiste-Antoine Lassus, est un collaborateur d'Eugène Viollet-le-Duc. Il inaugure en France le mouvement néo-gothique, né du romantisme anglais, qui redécouvre le Moyen Âge. La basilique fait un écho remarquable à la blancheur et aux décors Renaissance du château d'Anne de Bretagne. L'étroitesse des lieux oblige les constructeurs à donner une orientation originale à la basilique. En effet, les premières églises paléochrétiennes sont ouvertes sur le soleil levant, symbole de la lumière des débuts de la Création et de la Résurrection du Christ. L'architecture romane fait de cette orientation primitive une règle architecturale. Saint-Nicolas est l'un des rares édifices religieux à être orientée nord-sud et non pas est-ouest.

LA TOUR LU,
LE PHARE DE L'INDUSTRIE NANTAISE

Loire-Atlantique

En 1846, Jean Lefèvre et son épouse Isabelle Utile, d'origine lorraine, ouvrent à Nantes une boutique de biscuits « façon de Reims », destinés en particulier à la clientèle de marins, consommateurs de biscuits de mer. En 1882, leur fils Louis industrialise la production des petits-beurre nantais, inspiré des biscuits anglais, dont il dépose, en 1886, la forme (quatre oreilles pour les quatre saisons, 52 dents pour les 52 semaines), la recette et le nom de la firme, LU. De grands artistes comme Mucha, Firmin Bouisset ou Sarah Bernhardt participent à la publicité de l'incontournable biscuit. En 1885, Louis Lefèvre-Utile commande à l'architecte Auguste Bluysen une usine dédiée à sa production, ornée de deux tours aux tons pastel. Elles sont un pied de nez à leurs voisines du château des ducs de Bretagne. Décapitées dans les années 1970, désaffectées en 1986, lorsque la production quitte Nantes, l'une d'elles est rasée. La seconde est restaurée en 1998 et accueille désormais un centre culturel, le LU (Lieu Unique).

LE PHARE DE CORDOUAN,
LA HUITIÈME MERVEILLE DU MONDE

Gironde

Le rocher qui marque l'entrée de l'estuaire de la Gironde est connu depuis l'Antiquité. Des géographes latins y voient la mythique île flottante d'Antros. Ce passage dangereux est très tôt habité par des ermites, qui le signalent aux navigateurs par des feux nocturnes. La première tour à feu est édifiée vers 1360 par le Prince Noir, prince de Galles, duc de Cornouailles (origine de « Cordouan »). Lorsque l'Aquitaine entre dans le domaine royal français, Henri III décide, en 1584, d'édifier le premier vrai phare de France, un édifice royal de trois étages, dont la commande est signée devant le maire de Bordeaux, Michel de Montaigne. Son architecte, Louis de Foix, s'inspire de la tour d'Alexandrie, construite sur l'île de Pharos, et construit un monument digne d'accueillir les rois qui le financent. Sculptures, boiseries, marbres, appartement et chapelle émerveillent dès leur construction. Achevé en 1611, moins de vingt ans plus tard, il est considéré comme la Huitième Merveille du monde. Surélevé de vingt mètres en 1786, le « martyr des mers » de Jules Michelet continue de guider les marins.

LE MONUMENT AUX GIRONDINS,
CHEF-D'ŒUVRE INACHEVÉ

Bordeaux – Gironde

En 1793, Girondins (du fait de leurs origines girondines) et Montagnards s'opposent à l'Assemblée. Les Girondins, qui dirigent la Convention, doivent faire face, après l'arrestation de Marat, député montagnard, au soulèvement des sans-culottes. Ces derniers contraignent l'Assemblée à voter l'arrestation de 31 députés de la Gironde. Une dizaine d'entre eux sont guillotinés à l'automne. Ce massacre marque le début de la Terreur et est commémoré par le monument édifié sur la place des Quinconces entre 1894 et 1902. Alors que la municipalité ne peut s'offrir la fontaine de Bartholdi, finalement acquise par la ville de Lyon, elle choisit une colonne-fontaine richement ornementée de sculptures et de décors en bronze. Ces derniers sont déposés en 1943 par l'armée allemande, retrouvés à Angers, mais oubliés jusque dans les années 1980. Le groupe sculpté de huit des députés guillotinés, prévu dans le projet, n'a quant à lui jamais été réalisé. Il n'y a donc, jusqu'en 1989 où une plaque est finalement apposée, aucun Girondins sur le monument.

LES EXTRAORDINAIRES TOURS RAYÉES DU
CHÂTEAU D'ANGERS

Maine-et-Loire

En 1230, Blanche de Castille, régente du jeune Louis IX, fait construire une forteresse à Angers, zone de conflit avec les Anglais. L'alternance du schiste gris et du calcaire forme des rayures qui renforcent le caractère imposant des dix-sept tours de l'édifice. À partir du XIVe siècle, elle revient aux ducs d'Anjou, qui la transforment en résidence de cour, à la hauteur de leur puissance. En 1375, Louis d'Anjou fait l'acquisition de la somptueuse tapisserie de l'Apocalypse, longue de 140 mètres, à partir des cartons de l'exceptionnel peintre Jean de Bruges. Dans la première moitié du XVe siècle, « le bon roi René » y installe une ménagerie. Il accueille dans les douves des lions (comme Martin, Dauphin ou Marsault), ainsi que des léopards, des chameaux, des singes, dont certains sont des cadeaux politiques. La ménagerie ne survit pas à son maître, et la forteresse devient prison, accueillant notamment Nicolas Fouquet après son arrestation par d'Artagnan, puis casernement militaire jusqu'en 1947, année où elle s'ouvre au public.

COLLONGES-LA-ROUGE,
VILLAGE FLAMBOYANT

Corrèze

Au VIIIe siècle, les moines de Charroux fondent un prieuré qui attire paysans, commerçants et artisans. Le village de Collonges, du latin médiéval *colonica*, désignant une terre défrichée par des paysans libres, se développe, notamment avec l'accueil des pèlerins de Compostelle. Il est remarquable par la couleur rouge de ses maisons, qui vient de la richesse en oxyde de fer du grès dont les pierres de construction sont issues. Victime au XIXe siècle de l'exode rural, il renaît grâce à la création d'une association de sauvegarde au début du XXe siècle. L'église romane compte deux portes, dont celle dite « des protestants ». Collonges a en effet traversé les guerres de religion sans dommage, grâce à l'aménagement de l'église, qui accueille culte protestant d'un côté et catholique de l'autre. L'une des maisons, qui abrite le musée, arbore une sculpture de sirène tenant un peigne et un miroir. Sans présumer de l'ancienne fonction du lieu, la sirène médiévale représente la luxure, représentée par le miroir et le peigne, qui évoquent les prostituées.

LE CHÂTEAU DE BEYNAC,
SENTINELLE DE LA DORDOGNE

Beynac-et-Cazenac – Dordogne

Beynac et Cazenac, deux bourgs unifiés, dominent de leur éperon rocheux la vallée de la Dordogne. Au XIIe siècle, le fleuve marque la frontière entre le royaume de France et les terres anglaises. La première forteresse de Beynac, perchée à 150 mètres, est assiégée en 1194 par Richard Cœur de Lion, qui y laisse quelques soldats. Ceux-ci s'enfuient à la mort de leur souverain, rendant le château à ses propriétaires. En 1214, lors de la croisade contre les Albigeois, c'est Simon de Montfort, à la poursuite des cathares, qui se lance à l'assaut de la citadelle, surnommée « l'arche de Satan » par l'évêque de Sarlat. Ses salles médiévales, entretenues avec soin par les seigneurs de Beynac, accueillent ensuite les représentants des quatre baronnies du Périgord, qui y débattent de leur politique. À partir du XVIe siècle, ses remparts s'ouvrent, et un village naît au pied de la forteresse. Il est aujourd'hui un rare exemple de château médiéval sur lequel les siècles ont apporté peu de transformations.

NORD EST
PARIS–ÎLE-DE-FRANCE
CENTRE SUD OUEST

SOMMAIRE

NORD

EST

PARIS ÎLE-DE-FRANCE

CENTRE

SUD

OUEST

AUTEUR

Mélanie Mettra

Titulaire d'un DEA d'histoire, professeur des écoles, Mélanie Mettra est depuis 2012 auteur spécialisée en histoire pour Rue des Écoles (Éditions Garnier) et les Éditions Lemaitre (livres numériques).
Parmi ses plus récentes publications : *La Commune de 1871* ; *La Terreur, le tournant de la Révolution* ; *La Guerre de Vendée (Éditions Lemaitre)* et *100 Expressions héritées de l'Histoire (Le Figaro-Rue des écoles).*

ILLUSTRATRICE

Félicia Révay

Architecte de formation, Félicia Révay est aussi une dessinatrice de talent qui pratique et enseigne son art avec passion. Récompensée en 2012 par un deuxième Prix de dessin Pierre David-Weill de l'Académie des beaux-arts, elle fait partie de la collégiale d'enseignants du cours de Dessin de première année, à l'École nationale supérieure d'architecture de Paris-Belleville.